築50年52㎡

物が多いのに片づいて見える家

能登屋英里

KADOKA

はじめに

この本を手に取ってくださりありがとうございます。
ビジュアルコンサルタント、整理収納アドバイザーの能登屋英里《のとやえいり》です。

フリーランスになる前は、15年間会社員でアパレルの店舗ディスプレーの仕事をしていました。子どもの頃から「飾る」ことが好きで、自分の部屋をもらった頃からこまごました雑貨を集めたり、飾ったりすることが好きな学生時代でした。

就職して1人暮らしを始めてもやっぱり雑貨は大好き。アパレルの会社に勤めていたこともあり、洋服や雑誌もたくさん部屋にあふれていました。自分なりに片づけていたつもりでしたが、思い返すとなんだかごちゃごちゃした家だったかもしれません。

20代の後半で、新卒から勤めたアパレルの会社を辞めて海外で生活することを決意。渡航時には持っていた荷物を最小限に減らし、スーツケース2個で生活するというミニマリスト（風）になった2年間。生活をする中で、海外では家での暮らしを楽しむ人が多いことを知り、その経験から「厳選された好きな物だけ」に囲まれて暮らすのが好きなのだと気づきました。

帰国後は再びディスプレーの仕事に就き、30代で結婚。荷物は2人分に、「好きな物」も徐々に増え、またもやごちゃつき始めます。そこで出会ったのが「整理収納」という知識。必要な物を仕分けて、使いやすく収納する術《すべ》を身につけ、整理収納アドバイザーの資格も取得しました。

9年前、こだわってフルリノベーションした現在の家。当時は夫婦2人暮らしですっきり暮らせていて、「やった!!　理想の住まいがかなった」と思っていました。ところが翌年に娘を出産し、赤ちゃん1人なのに、どんどん物が増えていく日々にびっくり。正直自分好みの物を見つけられない赤ちゃんグッズもありますし、「あれれ、なんだか家がすっきり見えない！」とヤキモキ。

そんなときに、改めてもともと資格として持っていた「整理収納」のノウハウに、「空間を飾る・整える」というディスプレーの知識やテクニックを掛け合わせてみると、しっくりし始めました。

使いやすくて機能的なことはもちろん、視覚を操作して見た目もおしゃれにすっきり見える方法を追求することがもはや趣味になりました。

そんな日々の追求から生まれた私なりの「物が多いのにすっきり見える」ルール。

そのかいあってか「おしゃれな家ですね」「意外と物をお持ちなんですね、でもすっきりして見えますね！」といっていただくことも多くなり、インスタグラムのフォロワーさんや私の整理収納・インテリアのサービスを受けてくださったお客様からも「好きな物は持ってていい」「捨てなくてもいい」「物が多くてもすてきに暮らせる」という考えに賛同をいただいています。

これからご紹介する5つのルールの中で1つでも取り入れていただけることがあればうれしいです。

皆様の暮らしがさらに楽しくなることに思いを込めて。

わが家の間取りをご紹介します

築50年、52㎡の中古マンションを購入し、フルリノベーション。
限られた空間を少しでも広く使えて、暮らしやすい間取りにしました。
住み始めて9年ですが、住むほどにこの家に愛着が湧いています。

Bedroom

唯一の個室は落ち着ける空間に

リビングダイニングを広くする分、約3.5畳に納めたコンパクトな寝室。壁やカーペットの色をほかとは変えるなど、インテリアを遊ぶ空間に。

Work space

シェルフで空間を仕切り集中しやすいスペースに

横長のシェルフをパーティション代わりに空間を仕切り、その奥にデスクを並べて緩やかな個室風の空間に。机は娘の学習用と大人の仕事用。

Closet

ファミリークローゼットに家族の服や荷物を集約

リビングから直結した場所に、1.5畳のファミリークローゼットを設け、3人分の服を収納。スーツケースや荷物の一時置きとしても活用。

Living Dining

開放的で心地よくくつろげる場所に

家族がいちばん長く過ごす場所なので、できるかぎり広い面積を確保。トイレやクローゼット、キッチンにもアクセスしやすく、便利な生活動線。

Restroom

洗濯にまつわる家事が完結できて快適

洗濯室、トイレと洗面を1つに。洗濯物を浴室で乾かしたり、給水が必要なスチームアイロンをここでかけたり、洗濯家事が快適。

Entrance

部屋との間に扉は設けず圧迫感のないスペースに

玄関はコンパクトにし、仕切らないことで、LDKの広さを優先。食材の買い出し後、すぐに食材をしまえ、買い物動線も◎。

Kitchen

つり戸棚は設けず見せる収納を意識

壁づけキッチンに。あえてつり戸棚は設けず、ツール類はつるし、調味料類はオープン棚に並べて、見せる収納に。

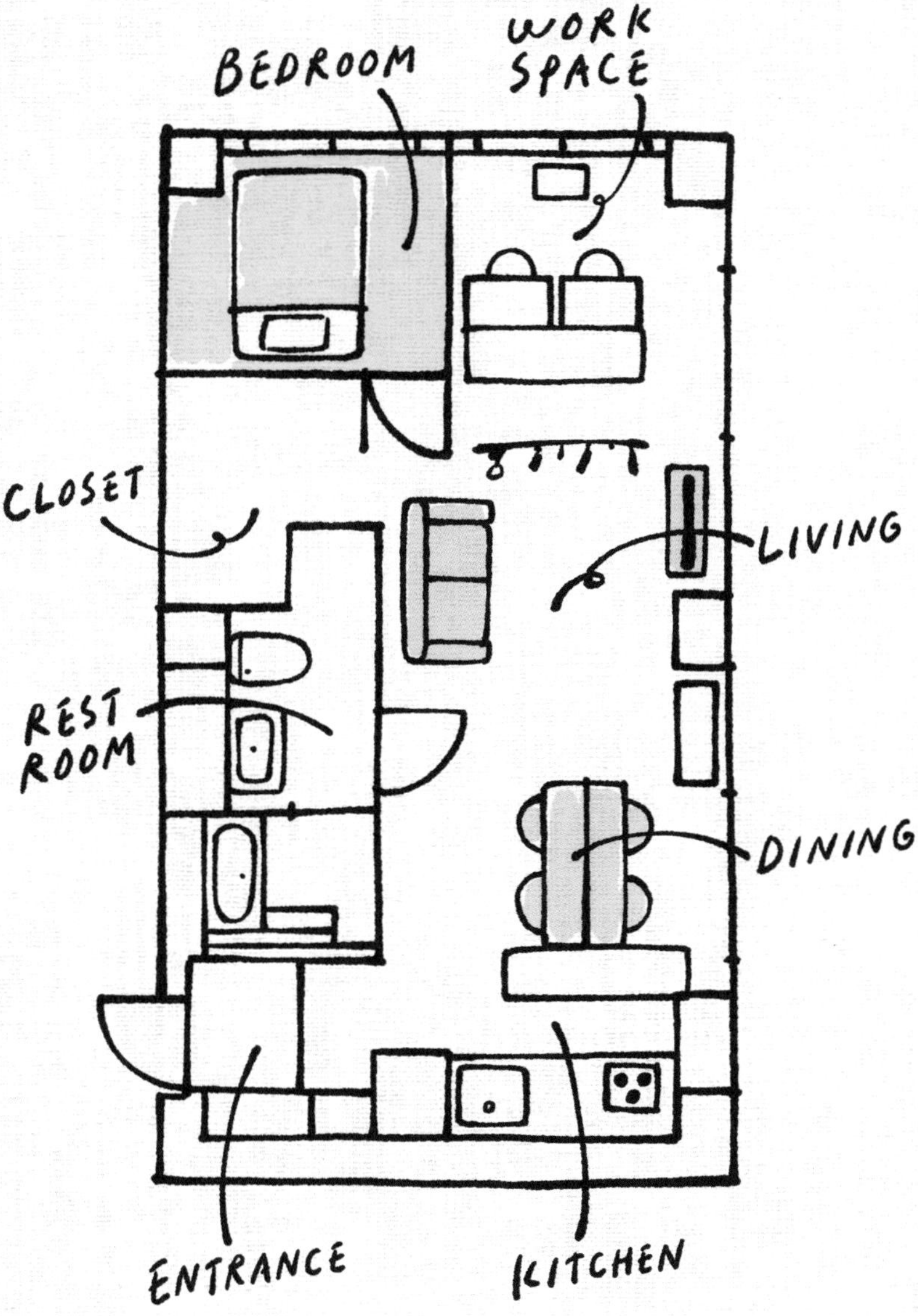
WORK SPACE
BEDROOM
CLOSET
LIVING
REST ROOM
DINING
ENTRANCE
KITCHEN

contents

Rule5 映えスポットをつくる

ごちゃつきがちな物が片づく方法 98

センスより知識!!
片づいて見える 5 つのルール

Rule 1
色を揃える

収納スペースが少ないわが家。
インテリアが大好きで、
出しっぱなしのものもいっぱいです。
それでも片づいた印象があるのは「色」。
コーナーごとに色を揃えることで、
視覚的なすっきり感を意識しています。

Rule 2
生活感を隠す

大好きな家で過ごすとき、
大事にしているのはリラックス感です。
よく使うものは使いやすい場所に置いておきたいけれど、
乱雑に置くと落ち着かない空間に。
そこで、生活感のある実用品は
隠しながら便利な場所に置く工夫が生まれました。

Rule 3

1カ所集中収納

52 ㎡の狭小マンションなので、収納は使う場所の
近くにぎゅっと1カ所にまとめるのが基本です。
家族にも分かりやすく、「どこだっけ?」も防ぎます。
買い足しができて、デザイン性の高いボックス収納を
取り入れれば、収納力も見た目もアップ。

SPICE

CONTENTS
Bankers Box.
DESTROY
CONTENTS
703
NO.
03

Rule 4
定番収納グッズを選ぶ

いくつかマイ定番収納グッズを決めています。
デザインと機能性を兼ね備えた収納グッズが決まっていると、
物が増えたときにも、安易に買い足すことなく、
中身や場所を変えて使い回せ、すっきりとした空間を保てます。

Mitsuko Kuroda
Interior Stylist
http://laboratoryy.com

Rule 5
映えスポットをつくる

家でくつろぐときに目に入る景色を意識して、
映えスポットをつくっています。
植物やアートを飾ったり、子どものおもちゃの置き方にも
こだわったりすると、空間にメリハリが生まれます。
子どものデスクなど、片づいていない場所から
視線をそらすのにも効果的です。

Rule 1　色を揃える

出しっぱなし家電は黒で統一

私は結構、家電好き。夫婦揃って、家電量販店でぶらぶらする休日もあります。毎日の家事に欠かせない炊飯器や電子オーブンレンジ、コーヒーマシン、便利なものは積極的に取り入れています。ただ、機能だけを重視して、気に入ったものをむやみに取り入れてしまうと、ごちゃついて見えたり生活感が出てしまうのが、家電の要注意ポイントでもあります。わが家のキッチンは、フルオープン。どこからも丸見え状態なのです。そこで、私たち夫婦が決めているのが「家電は黒」と、色を守ること。色を統一することで、家電がずらっと並んでいる棚もすっきりして見える効果があります。一方で、どんなに欲しい家電を見つけたとしても、欲しい色＝黒がない場合は我慢！　しばらくは買い替えず、黒が発売されるまで粘って待ちます（笑）。それくらい、家電は色がバラバラになったとたん、一気にごちゃっとしてしまうポイントだと思って気をつけています。

リビング側からよく見えるキッチンにある家電コーナー。電気ケトルとコーヒーグラインダーは、黒のラッセルホブスで揃えて、スタイリッシュなルックスに。

調理道具はコンロ側は黒、シンク側はシルバーに

キッチンの収納スペースが狭く、しまう場所に限りがあったことも影響していますが、そもそも私は厨房《ちゅうぼう》風キッチンに憧れがありました。だから、調理道具はしまい込まず、つるして見せる収納にしようと、中古マンションのリノベーションをする最初の段階でイメージを膨らませていました。出しっぱなしにするからには、ごちゃごちゃと煩雑にならないように、厨房っぽさを出すことが目標。そこで、フライパンやお玉など、コンロ側で使うものは黒で統一、ピーラーやブラシなど、シンク側で使うものは、ステンレス素材のシルバーで統一しようと決めました。壁につるす調理道具は、本当によく使う1軍のものだけに絞っているので、頻繁に使っては洗って、の繰り返し。油はねがこびりついてベタベタ……といった汚れは気になりません。さっと手に取れるし、洗ったあとの水滴が少し残っていてもつるせば自然乾燥できるので、料理や片づけの時短もかないました。

黒で統一したコンロ側のキッチンツールは、
無印良品のものが中心。シンク側のシルバー
のものは、ブランドにこだわらず、使いやす
さとシンプルなデザイン性を重視。

調味料は
同じ容器で揃える

調理道具と同じく、よく使うコーヒーや、塩・砂糖、粉類などの調味料も出したまま、見せる収納にしています。中身はいろいろと違っていたとしても、同じ容器で揃えることで、むしろ連続性が生まれて、すっきりと見える視覚効果があります。実はマンションのリノベーションをするとき、すでにこの「ポップコンテナ」を使おうとイメージしていました。容器はこれ、と決め、次に、ぴったりサイズが合う棚を探しました。ちょうどイケアにいい棚があったので、壁に取り付けることに。ずらっと並べることで、気持ちのいい見た目になります。ついでに、家族に「砂糖はどこだっけ？」などと聞かれることがなく、料理上手な友人が来たときは、この棚から手際よく必要な調味料をピックアップして料理をしてくれるなど、いい効果もたくさんあります！

同じものを9個揃えて使用しているのは、OXO（オクソー）の「ポップコンテナ」。容量が1400mℓとたっぷり入るので、詰め替え時に余りが出にくいところもお気に入り。
※現在は新モデルにリニューアル

人や場所別にせず すべて 同じ色のタオル

以前は、人別や場所別にタオルの色とサイズを分けて使っていました。いざ使うとき、「これは夫のタオルで、私のはまだ洗濯乾燥中……」などと、自分用のタオルを手に取るまでに、時間がかかったこともありました。洗い終わったタオルを収納する際も、これはキッチン用でこっちは洗面用など、仕分ける作業が面倒でした。そこで思い切って、同じサイズのタオルを2色、5枚ずつ購入しました。入浴後に体を拭くタオルは、ダークグレーにして家族3人が共用します。もう1色はライトグレーにして、キッチン用と洗面用を分けず、共用にしました。これを棚に重ねておけば、何も考えずに上からどんどん手に取って使えるところも、シンプルでお気に入り。以前、色や形がバラバラだったときとタオルの枚数は変わっていないのに、今の出しっぱなしで重ねるだけの収納のほうがホテルライクに。使いやすくて見た目もよくなり、とても暮らしやすくなりました。

愛用しているのは、タオル研究所のフェイスタオル。手ごろな価格ながら、丈夫でほつれにくく、インテリアになじむスモーキーなカラー。半年に１回を目安に買い替え。

バーやポールを黒に揃えて空間を引き締める

家の中で、テーマカラーがいくつかあるのですが、その一つが黒。この家で暮らし始めて8年たった頃、窓際や玄関につるし収納をするために、黒いハンギングバーを導入しました。また、狭いスペースの収納に活躍する、インテリア性の高い突っ張り棒も黒で統一して、わが家のあちこちで大活躍しています。もともとあるダイニングテーブルやフローリング材など、茶色が占める割合が多いのですが、黒と茶色の相性は抜群。バーやポールなど、アクセントとして黒を取り入れることで、空間がきゅっと引き締まり、洗練されたイメージに。無骨な印象、男性的、強いと思われがちな黒ですが、実はインテリアの差し色として、万能な色。家の中に新しく何かを導入するとき、「すっきり感を生むアクセントになる黒」を取り入れてみるとよいかもしれません。

天井に取り付けたハンギングバーは、TOSOのもの。突っ張り棒は、平安伸銅工業の「DRAW A LINE（ドローアライン）」（P80参照）。アイアン風のマットな質感もおしゃれ。

寝室はネイビーを主役カラーにして遊びのある空間に

部屋によってテーマカラーを決めています。リビングはフローリングやソファーなどの茶と、アクセントに黒やブルー。一方、唯一の個室である寝室は、フルリノベーションするときに、印象的な色を取り入れた部屋にしたいと思い、壁の1面とカーペットを、大好きな濃いネイビーに。リビングとはぐっと雰囲気が異なる、お気に入りの空間となっています。

例えばこの寝室に絵を飾るなど、新たに小物を増やすことになったとき、「ネイビー」を基準に選ぶのが空間をすっきり見せるコツ。ネイビーと同系色のものを選んだり、ネイビーが映えるアクセントカラーを入れても楽しくなります。色で物を選ぶだけで統一感が生まれ、ごちゃごちゃとした印象を避けられますし、買い物の失敗も減らせます。トイレや洗面所など、スペースの限られた空間からテーマカラーを決めてみると、収納やインテリアをつくる楽しさがぐんぐん広がると思います。

カーペットや壁に合わせて、クッションカバーやベッドスローもブルーやネイビーに。ファブリック類は、遊び心のあるデザインが豊富なH&M HOMEのオンラインショップで。

実物を見るだけでなく、写真に写っている状態を確認すると、意外と気づきが。

＜

散らかりやすいコーナーや、見た目がしっくりこないときは、とにかくスマホで撮影。

COLUMN 1

写真に撮って見栄えをチェック！

私は仕事柄、自分の家を撮影する機会がよくあります。全体的に撮ったり、コーナーに寄って撮ったり。その写真を後から見返すと、実際に目の前で見ているときには気がつかないことに気づくことがあります。

例えば、この収納ケース、こっちに置いたほうが使いやすいかも？　なんでこれがここに置いてあるんだろう？ などなど。風景のように当たり前となっている場所を、写真にして眺めてみると、不思議と今まで見えていなかったことに気がつく場合

Before

子どもの学習机。ドリルやタブレット、ヘッドフォンが散らかることが多かった。

<

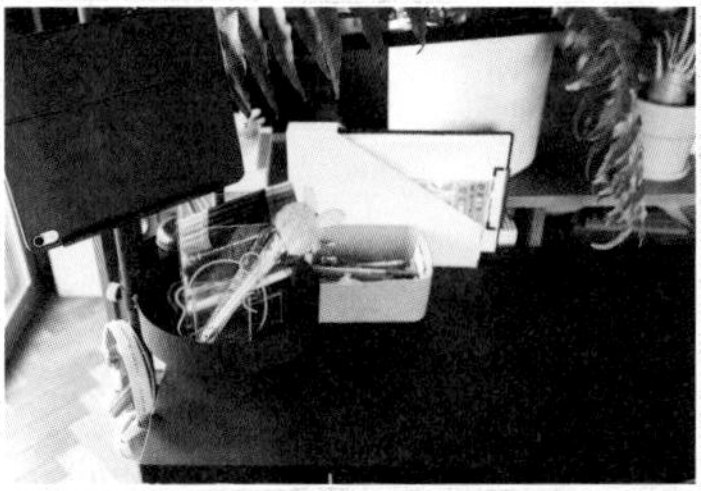

After

片手でもぱっとしまえる場所に、それぞれの定位置を改めて設けたことですっきり！

が多いのです。

　そのため、私は家具の配置、収納の位置、ディスプレーなど、家の中で気になることがあったら、まずはスマホで撮影してみます。遠くから、近くから、斜めから。いろいろな角度から撮ることで、客観的に見ることができ、発見や気づきが生まれるのです。

　どうしてもごちゃついて、すっきり片づいて見えないとき、収納棚の配置に困ったときなどは、その場であれこれ悩むよりも、正面から写真を撮り、いったん離れて写真と向き合ってみるのもいいと思います。

　最近は娘の学習机の上の収納が定まらず、写真に撮ってから配置を検討しました。ペンやヘッドフォンの配置を微調整したことで、今のところ散らかりを防げています。

Rule 2 | 生活感を隠す

テーブルの上の
箱の中身は常備薬

毎日のむサプリや薬は、家のどこに置いていますか？常備薬の収納場所を決めている人は多いですが、毎日服用するものの定位置が決まっていないことは、多くのお宅で結構あるんですよね。

薬類の置き場は、さっとのみやすい動線上、つまりダイニングキッチンがベスト。でも、一番の問題は置き方です。特に処方された薬を出しっぱなしにしておくと、袋がかさばって、生活感たっぷりの印象に……。そこでわが家は、ふたつきの黒いボックスをテーブルの上に置いて薬専用のスペースを設けています。シンプルなボックスのおかげで、すっきりした卓上をキープしつつ、のみ忘れも防ぎます。ちなみにこのボックス、産後は娘の哺乳瓶入れに、その後はパンやお菓子入れにしていたことも。中身をさっと隠せるふたつきのボックスは、毎日よく使うものを目につく場所ですっきり収納したいときに、いつも便利に使っています。

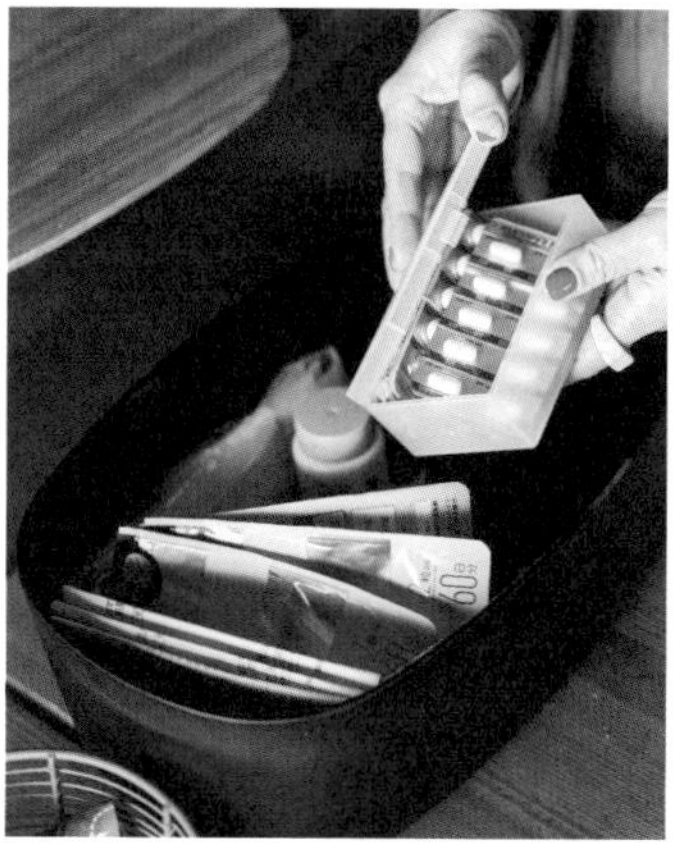

↑現在は、毎日のむ薬やサプリの収納に使っているデンマークのキッチンウェアブランド・ステルトン社の「リグティグ」シリーズの収納ボックス。
←縦34.5×横23×高さ13cmと、やや大きめのサイズ。家族３人分の薬やサプリも余裕で収納。花粉シーズンの点鼻薬、乾燥する時期のハンドクリームなど、すぐ手に取りたいものの一時置きに。

北欧柄のトートバッグにポリ袋を

フィンランドを旅行した際、ビンテージ生地で作られたトートバッグをお土産に購入しました。とてもすてきで、しまったままにしておくのはもったいない……。そこで、いつでも楽しめるように、壁につるしました。どうせなら、何かの収納としても使えないか?と考えて、スーパーなどでもらうポリ袋を入れることに。片づけ中に処分するものをまとめるときなど、ポリ袋はすぐに出し入れできる場所にあるのが、何かと便利なのです。トートバッグにポイッと収納するこの方法は、出し入れが簡単で、多少量が増えてもあふれません。ポリ袋が丸見えのまま家の中にあると、どうしてもインテリアになじみませんが、お気に入りのデザインのトートバッグなら見た目もよく、収納力もばっちり。S字フックや石こうボード用のフックなどでつるせば、欲しい位置に取り付けられます。飾りたくなるようなトートバッグに出会ったら、インテリア兼収納に取り入れてみませんか?

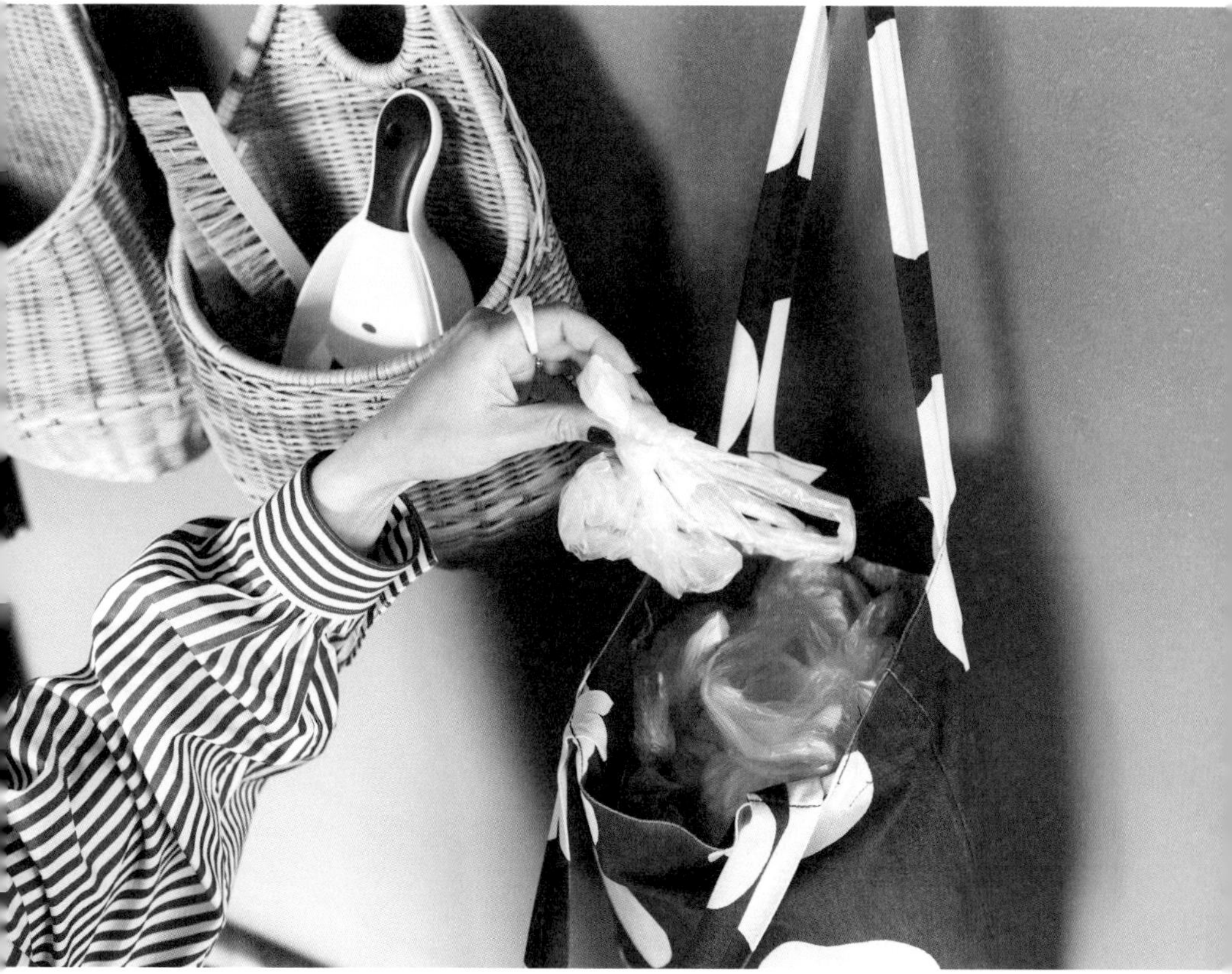

片づけをしたときに出る不用品を入れたり、
生ゴミを処理したり、何かと便利なポリ袋。
いつでもさっと取り出せるようにリビングの
中心で、見た目もいい収納ができると快適。

ピクニック用のカゴには食べかけのお菓子

うちのキッチンにはパントリーと呼ばれる大型の収納スペースがありません。一方で子どもも夫も、お菓子が好き。大袋のお菓子を常備したいところですが、かさばるので収納場所をどうするかが課題でした。大きな袋や派手なパッケージのお菓子を出しっぱなしにするのはちょっと避けたいところ。そこで思いついたのが、ふたつきのピクニック用のバスケットを使った、放り込み収納です。バスケットはオーブンレンジの上に置いていますが、オーブンを使うときや、お菓子を探したいときは下ろしています。中身はお菓子なので軽く、持ち手があるので持ち運びも簡単。子どもが小さかった頃は、大人用のお菓子を入れていましたが、子どもの視界に入らないので、「あれ食べたいー!」とグズられることもありませんでした。フローリングなどと同じカラーで揃えた木製のカゴなので、インテリアともマッチ。天然素材なので経年変化も楽しめ、お気に入りです。

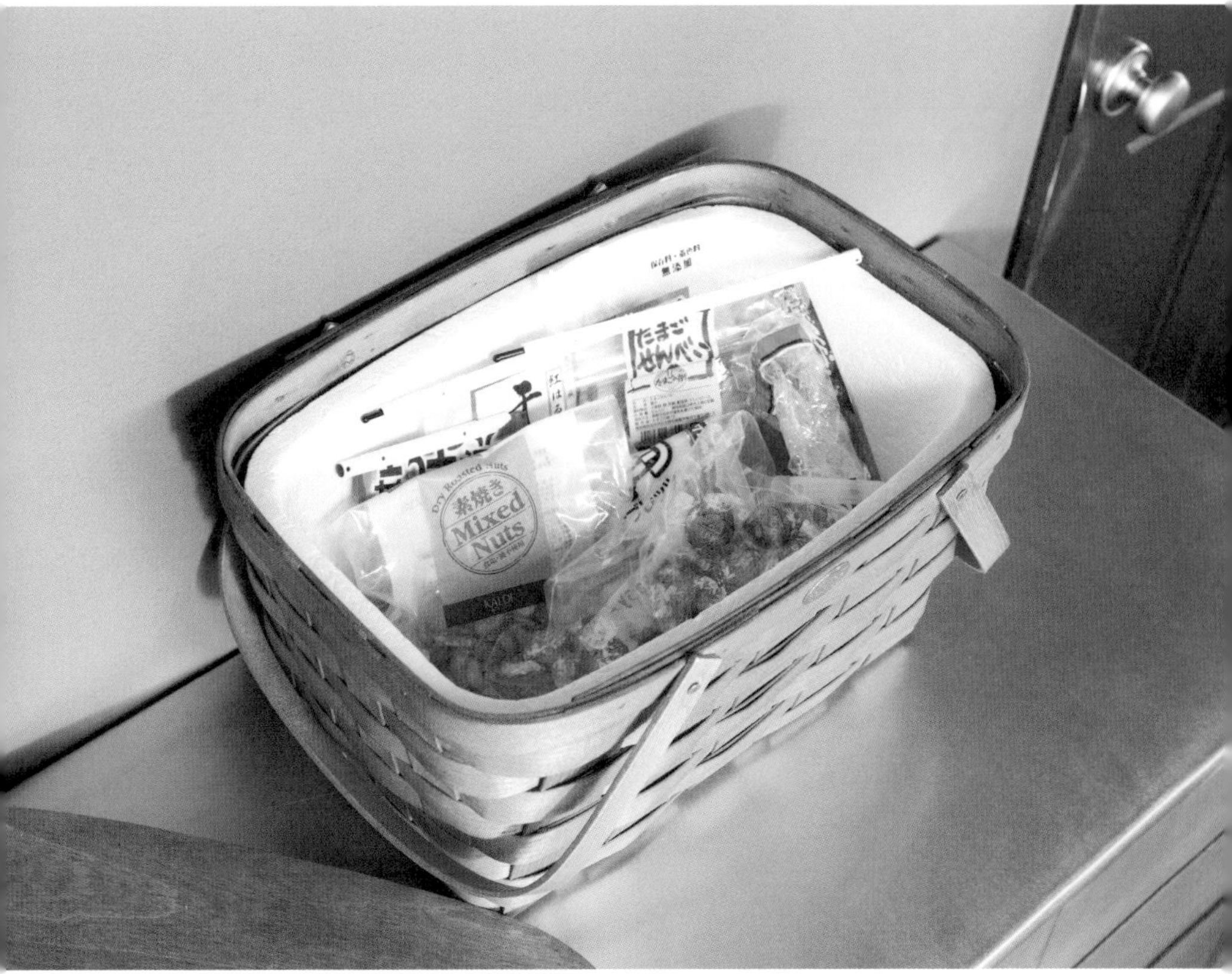

ピクニック用のバスケットは、たっぷり容量
があるので、量の増減があるお菓子の収納に
ぴったり。持ち手があるので、オーブンレン
ジの上から下ろしたり、持ち運びも簡単。

カゴに掃除用具。気づいたときさっと掃除できる

私は掃除が得意ではありません、面倒でつい後回しにしがち。そして生活感たっぷりの掃除用具にも気分が上がらない……。でも、よく考えると、そもそも掃除用具を取り出すこと自体が煩わしかったのです。そこで、少しでも掃除のハードルを下げるため、収納場所の見直しをして、掃除用具をリビングのまん中に置きました。掃除用具をすぐ手に取れて、インテリアをじゃましない。そんな条件をかなえてくれるのが、リビングの壁につるせるカゴでした。中には粘着カーペットクリーナーやブラシ、掃除機のアタッチメント、掃除機の紙パックのストックなどを入れています。ほこりが気になったときは、ぱっとブラシを取り出して、ささっときれいに。紙パックがパンパンになったらぱっと交換。重い腰を上げる必要がなく、無理せずにできて、あっという間にきれいを保てます。気がつけばもうすぐで10年、このスタイルが続いています。

ブラシ類は木製のものを選び、粘着カーペットクリーナーは、持ち手がアイアン風のカインズのものを。掃除用具はカゴから見える部分にこだわることで、生活感を程よくカバー。

こまごましたおもちゃは大きいふたつきカゴに

子どもが大好きな、こまごましたおもちゃ。わが家も、レストランやファストフード店でもらったおまけや、カプセルトイなどがたくさんあります。これらのおもちゃは、決まってカラフル。分類しにくく、ごちゃついて見えるのが、インテリアにもこだわりたい親にとっては悩ましいところです。見た目がよく、子どもも遊びやすい、大人も子どももハッピーな収納とは？ そんな問題を解決するため、私が着目したのは、ファティマ モロッコのふたつきカゴでした。簡単にあけられる、大きなふたなので、子どもが自分でおもちゃを出したり、片づけたりすることもできます。フォルムがころっとしてかわいいので、宝物箱のように見えるのか、お友達が遊びに来ると真っ先にこのカゴをあける子もいるほど。インテリアのアクセントになるので、床に無造作に置いてあってもいい感じ。デザインのいいカゴは、物が多い家の親子にとって、うれしい存在です。

持ち手部分のデザインがキュートなカゴは、
ファティマ モロッコで購入。カラフルなもの、
こまごましたものなどを目隠しでき、無造作
に置いただけでも、おしゃれな雰囲気に。

カラフルなおもちゃは布で目隠しできるナチュラルなカゴに

娘はお人形遊びが大好き。着せ替えのお洋服や家具などがセットになっているものをコレクションしているので、一式をまとめて収納する必要があります。かさばるので、大きめのカゴに収納しているのですが、私が気に入っているのが、ピクニック用のバスケット。内側に布が貼られていて、同じ布でカゴの上面を覆うようにして、中身を目隠しできるようにもなっています。カラフルなおもちゃはもちろん、セットになっているおもちゃなど、かさばるものを一式まとめて収納しておきたいときにぴったりです。子どもでも簡単にカゴを持ち運べ、床で広げて遊んだあとも簡単に片づけられます。おもちゃを収納する役割を終えたあとの使いみちは未定。けれど、リビングやダイニングなど、生活の中心で活躍するだろうと想定しています。なぜなら、出しっぱなしでもかわいくて、布で中身を目隠しできるカゴは、物をすっきりと収納するのに欠かせないアイテムだから。

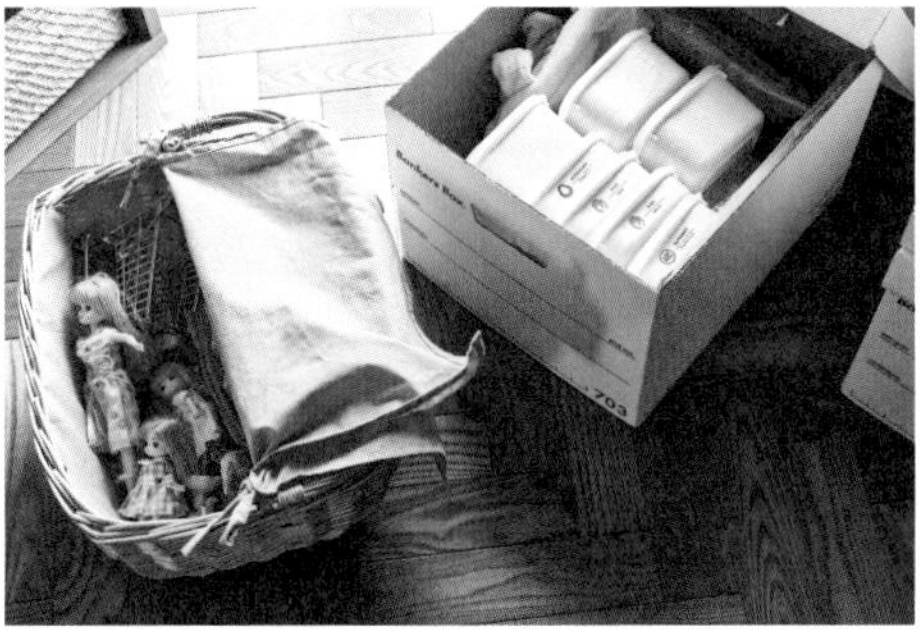

↑主にアパレルを扱うブランドstudio CLIPで見つけたピクニック用バスケット。ごちゃっとした中身も程よくカバーでき、子どもがぱっと遊べるように、リビングの中心に置いても様になる。
←白いバンカーズボックスの中には、100円ショップの食材用保存容器が。中にはパズルなどこまごましたものを収納。

布で空間を緩やかに仕切る

フルリノベーションをするとき、少しでも空間を広く見せたかったので、あえて玄関と部屋の間にドアを設けませんでした。開放感があって気に入っていますが、ここは築50年超えのマンション。冬場は玄関から冷気が入り、夏はエアコンが効きにくいことが、住んでみて判明。そこで、お気に入りの布をつるして空間を仕切ることにしました。上を折って長さを調整し、上部をクリップで挟んで、突っ張り棒につるせば完成!

取り付け方法が簡単なので、寝室にも応用しています。寝室には扉がありますが、狭いゆえにエアコンの調整が難しく、寝室の扉をあけっぱなしでリビングからエアコンの風を流しています。ただ、扉があいたままだと人の気配が気になることも。そこで扉の裏にシースルー素材の布をつけて緩やかに空間を仕切っています。インテリアのアクセントにも間仕切りにもなる布使い、おすすめです!

↗玄関とダイニングの間仕切りに取り入れたのは、ieno textile（イエノテキスタイル）の「14-23」というファブリック。適度な厚みがあり、玄関先から入る冷気を遮断するのにぴったり。
↑ボーダーのレースも、同じくieno textileのもの。程よく目隠しをしつつ、エアコンの風は妨げない。どちらの希望もかなえてくれるちょうどいいファブリック。

After

スポンジはクリップで挟み、右脇にある冷蔵庫の側面に、洗剤は水栓の脇に移動。

Before

以前は食器用とシンク用のスポンジ、食器用洗剤をラックにまとめ、シンク内に配置。

COLUMN 2

しっくりくるまでトライ&エラーを！

「なんだか使いにくいな」と感じたら、それは今すぐ仕組みを見直すチャンスです！

わが家でも、長年ずっとしっくりこなくて使いにくさを何となく感じていたのが、食器洗いスポンジの置き場です（詳しくはP102）。キッチンも洗面所もシンクの内側にラックを置き、そこにスポンジや洗剤を入れることで、水がたれてもいい、最良の収納と思っていました。がしかし、ラック自体がぬめる……。そのぬめり掃除がどうしても好きになれず、モヤモヤし

Before

コップや歯ブラシを、シンク内のラックに。手洗いのたびに水はねが気になっていた。

After

コップや歯ブラシは置き場を変え、シンクに渡すタイプのラックにハンドソープを。

た時間が流れていました。このストレスを解消しようと仕組みを見直し！　キッチンで使うスポンジはシンクの外側に出し、シンク横に置いている冷蔵庫の側面にマグネットフックをつけ、クリップで挟んだスポンジを掛けて浮かせる収納にしました。洗剤は、デザインがシンプルなボトルに詰め替えて水栓の横に。洗面所のシンクは相当悩んでいたのですが、ある日、同じ洗面シンクを使っている人が、縁にラックを渡しているのをSNSで発見し、目からうろこ。早速同じものをKEYUCAで購入して使ってみると、この浮かせる収納が快適でびっくり。昔は歯ブラシやコップなど、いろいろ置いていましたが、今はハンドソープと掃除用の小さなスポンジだけと、置く数も厳選。これで掃除が格段にラクになりました!!

Rule 3 1カ所集中収納

テレビ下に同じ箱8個で生活用品を一括管理

52㎡とコンパクト、作りつけの収納場所も少ない。そんなわが家は、イレギュラーに物が増えるとたいへんです。あるとき、どうしても収納する場所に困って、試しに「バンカーズボックス」を取り入れてみました。テレビの下に横4個、2段に重ねて合計8個を置いてみたところ、テレビ台の高さと壁の幅にジャストフィット！テレビ下は収納場所にしようと決めました。「バンカーズボックス」は、収納家具と比べて値段も手ごろなうえ、必要ないときは畳んでおけるすぐれもの。劣化して処分する場合も、資源ゴミになるのでエコです。上段は、コロナ禍で増えた衛生用品のストック、子どもの製作物、下段は、出す頻度の低い2軍のおもちゃ、こん包材、今は使っていない花器や置物などを納めています。必要なときに取り出して、ついでに不要になったものが入っていないか確認。限られた収納を有効活用できるように、常に中身のアップデートを心がけています。

テレビ下は、フェローズジャパンの「バンカーズボックス」を計8個並べ、ストック品などの収納スペースに。ボックスのサイズは奥行き41×幅34.5×高さ26.5㎝。収納力が高く、スタイリッシュなデザインなので、出しっぱなしでもおしゃれ。買い足すことも、折り畳んでしまうこともできる、万能な収納ボックス。

ストック食材は キッチン横の 黒い箱に集約

キッチンの横に配置したステンレスのシェルフが、わが家にとってパントリー代わりです。棚の間隔を上2段は狭くして、浅めのケースを置き、引き出して使えるようにしています。プラスチック製で丈夫なため、洗ったり拭いたりできて、食品のストックに最適です。乾物類やスパイス、お茶類などを収納していて、使うときにさっと取り出せるので、とても便利。最下段は、パルプボックスを並べて使っています。ここはパスタなどの大きい袋ものやまとめ買いしたストック品などを収納。同じ収納場所では、同じ種類、同じ色のケースにするなど、収納道具を揃えてずらっと並べると、すっきり見える効果があります。食材はここに入るだけと決めているので、必要以上に買うこともなく、管理も楽になりました。同じ収納箱が多いと、家族が「あれどこ?」と迷うこともあるので、ラベリングは欠かせません。

シェルフの上２段に納まっている６個の黒いケースは、Found MUJIで「ポリプロピレン通函」として売られていたもの。また、下段は無印良品の「硬質パルプボックス・フタ式」（現在は廃盤）を２つ。ふたはせず、引き出してぱっと中身に手が届く形にして使用。パンパンになって、引き出すときに引っ掛かる場合は、中身を見直すタイミング。

書類は扉つきの収納棚にまとめる

わが家はオープン収納が多いですが、玄関のすぐ脇にある棚だけは唯一、リノベーションをする際、扉をつけてもらいました。保管書類を収納する場所が必要で、それは隠してしまいたいし、取り出す頻度も高くないからです。中の配置も、無印良品のファイルボックスと引き出しをどこに何個置こう、と事前にシミュレーション。収納グッズがぴったり納まるように、棚全体の寸法を決めました。おかげで、取扱説明書や保険関係、住宅関連、家族一人一人に必要な書類をここに集約できて探しやすい書類収納に。また、すぐに提出が必要だったり、検討しなければいけない大事な書類も、この棚の中へ。ただ、短期間で処理が必要な書類はファイルにしまい込まず、すぐ目の届く場所に立てかけておくだけ。こうすると提出忘れを防げるのです。ほかに文房具や雨具、シューケア用品など生活感の出やすいものもここにぎゅっと納まったので、リビングが散らからなくなりました。

↑提出したり、確認したり。作業が必要なものは、ファイルなどにしまい込まず、棚の中の一角に立てかけて一時置き。扉をあけるたびに目に入るので、確認漏れが防止できる。
←扉つきの棚の最下段は、無印良品のファイルボックスを４つ並べて。住宅関係のボックスが１つ、残り３つは家族１人ずつの関係書類を保管。

ファミクロで家族みんなの服を把握

クローゼットは寝室など部屋の一角にあるのが一般的ですが、リノベーションをするとき、もっと機能的で使いやすいクローゼットにしたくて、リビングからつながるファミリークローゼットを作りました。設計上、洗面所とつなげることはかないませんでしたが、洗濯動線を最短に取った間取りに。ファミリークローゼット内は、エリアを分けて、人別に収納しています。家族の服はすべてここだけと決めて管理していますが、これが本当にラク！「あれどこにしまったっけ？」がなくなりました。また、スペースが限られている分、着ていないのに取っておく服は減って、本当によく着る服だけが残り、気がつけば私も夫も、手持ちの服の量が9年前の半分程度になりました。季節や子どもの成長、洋服の好みや量が変わってもいいように、ハンギングバーや棚板はすべて可動式。住み始めてもうすぐ9年、何度も組み替えをして、暮らしにフィットさせています。

愛用しているのは、ニトリの「すべりにくいアーチ型ハンガー（3本組）」と「すべりにくいスラックスハンガー（ラミー 3本組）」（使用型は生産終了）。ハンガーを同じタイプにするだけでも、見渡しやすくなるのでおすすめ。「私は滑りにくいハンガーが好みですが、さっと服が取れるノーマルなハンガーのほうが身支度がラクという人も。自分に合うハンガーを見つけて」

洗剤ストックは洗面台下の箱1個で管理

洗剤のストックは、多く持たない主義です。わが家の洗面所には、これといった収納棚がないのですが、それでも最低限の洗剤や石けん、化粧品だけはストックが必要です。そこで重宝しているのがふたつきのボックス。ざっくりと物を入れることができて、ぎゅっとふたをしてしまえば納まる、見た目以上の収納力。洗面台の下に置いておいて、ドライヤーをかけるときは軽く腰かけたりと、ベンチの役割も。ちなみに、このボックスからストックを取り出して使用したら、忘れないようにメモをして、1つ買って補充する仕組みにしています。キッチンの消耗品はキッチンに、など、使う場所ごとにストックを置くパターンもありますが、分散収納にしてしまうと管理がたいへんになるので、わが家の洗剤ストックはこの頑丈ボックス1つのみ！　最近、うちの洗濯乾燥機を自動洗剤投入のものにしたことで、さらにストックの量が減りました。

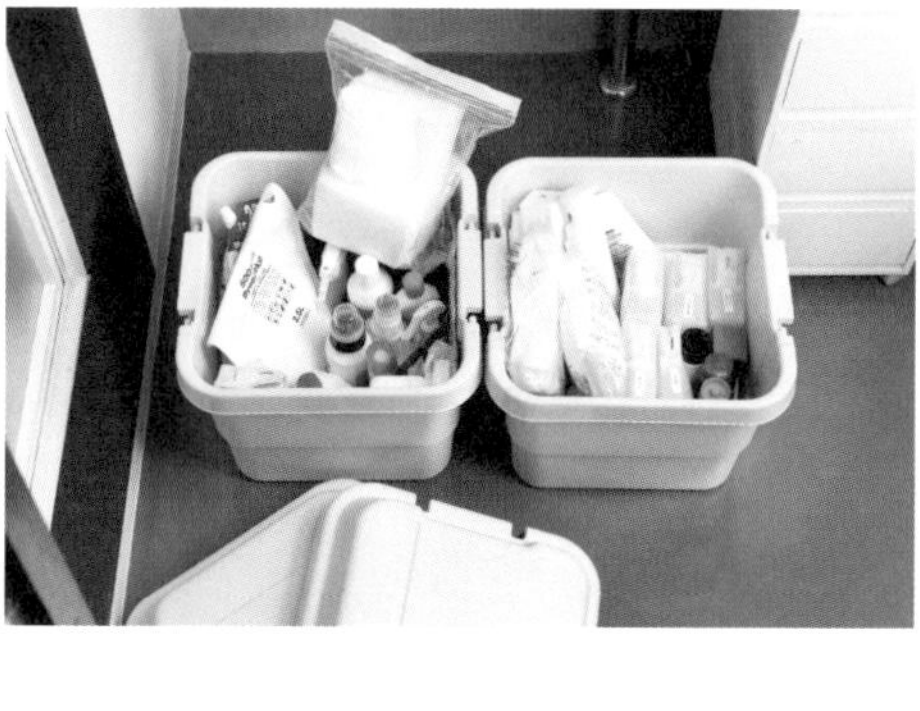

洗面台の下に置いているのは、無印良品の「ポリプロピレン頑丈収納ボックス・小」（旧デザイン）。大きなサイズを１つ置くのではなく、あえて小サイズを２つ。「中身をおおまかに仕分けたり、１つを動かして踏み台にしたり、将来的に別の場所で上下に重ねることもできるなど、フレキシブルに使えるので、この小サイズはとても気に入っています」

アイロン収納はクローゼットから洗面所へ

整理収納の勉強をしていた頃、何度も教え込まれたのが、「使う場所に収納する」という収納の鉄則でした。今、この家でそのお手本となるのが、アイロン収納ではないでしょうか。その昔、プレス式のアイロンを使っていたので、アイロン台とともにクローゼットに収納していました。そのアイロンが壊れて、次に買ったのがスチームアイロン。スチームアイロンは、水の容量が少ないので水くみがすぐできる場所と、洋服をハンガーに掛ける場所が必要です。収納場所はその条件を満たす所、つまり洗面所がいいのでは?と、試しにここに収納。収納バッグの中には霧吹きとミトンも一緒に入れました。いざ使ってみると、なんと使い勝手のよいこと! すぐ横のトイレの上側にある棚板にハンガーを掛け、洗面所で水を入れ、この場でシワ伸ばし完了! なぜ今まで、アイロンの収納=クローゼットと思い込んでいたのか不思議なほどです。

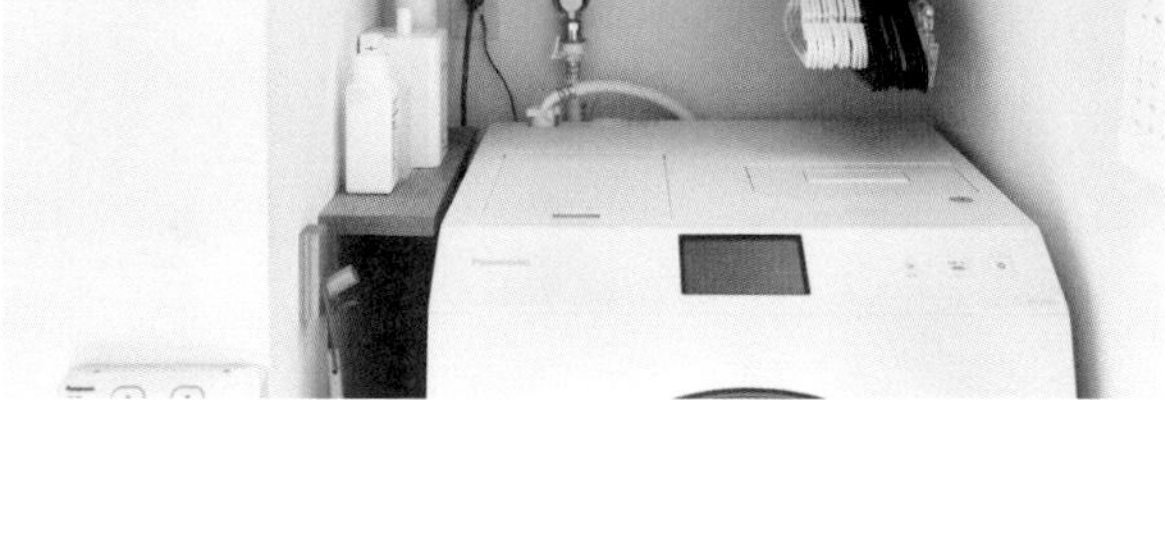

↑スチームアイロンは、霧吹きとミトンとワンセットにして収納。
←洗濯機の上の棚に置き、シワが気になる洋服は、洗面所でアイロンがけ。すぐに給水できるので、水まわりでやるほうが効率がいいと気づき、ここに収納。

季節のグッズはコンパクトにしまえるものを

年に一度のハロウィーンやクリスマス、子どもがいると飾りつけしてあげたくなるのが親心。ディスプレーを仕事にしていることもあり、飾るのは私も大好き。ただ収納スペースが少ないため、季節イベントのグッズ選びには気をつけています。わが家で愛用しているバンカーズボックス1つ分に納まる分量と決めているのです。クリスマスツリーは立体のものではなく、タペストリータイプにして畳めるように。ハロウィーンの飾りもフェルト素材でできた、軽くて平たいものが中心。オーナメントは天然のストロー素材など、軽いものを選んでいます。割れやすいものはなるべく避け、小さく畳んでぎゅっと納まるものを。箱自体も中身も軽いので、ふだんは壁につけているワイヤーラックの上に収納。取り出す頻度が低いので、多少取りにくくても問題なく、むしろ日々の暮らしのじゃまにならない位置に。クローゼットがある人は、箱に入れて、枕棚に置くのがおすすめです。

「クリスマスツリータペストリー生地」は、トーカイのもの。約146×90㎝のものを壁面に。「ピンでも充分ですが、仕事柄持っているタッカーで固定しています」

↑1つのバンカーズボックスに、クリスマスとハロウィーンの飾りを収納。「壁に飾れる平たいもの、畳めるものなど、片づけやすい飾りを意識して揃えています」
←軽いストロー素材のものなど、お気に入りのオーナメントを飾って、ツリーを華やかに。「金色の安全ピンをいくつもつけた状態で保管しているので、飾りつけは、毎年ピンに引っ掛けるだけで簡単です」

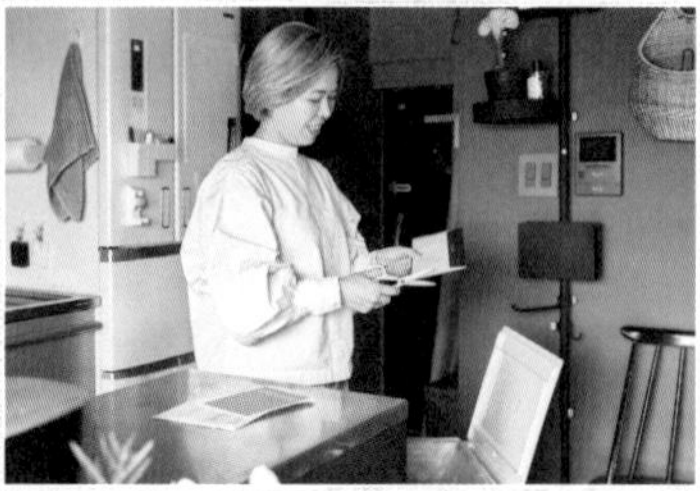

封書は手に取ったはさみですぐに開封。その場で中身を全部見やすい状態に。

冷蔵庫の扉に収納ケースをマグネットでつけ、はさみはいつでも取り出しやすく。

COLUMN 3

動線を考えるとすっきりが続く

毎日のように届く、DMや郵便物の処理はどうしていますか？　後で見ようと思って、ぽいっとテーブルの脇に置き、気がつくと郵便物が山積みになっていた経験、ありませんか？

それを防ぐために私がやっているのは、郵便物は届いたら必ずその日のうちに開封すること。中身をチェックして、処分してよいか、保管しておくべきかの判断まですませてしまいます。

それを可能にするために、私は玄関からの動線上にある、冷蔵庫の扉にはさみをスタンバイ。

カウンターの上で、保管が必要なもの、後で見返すもの、家族に渡すものなどを仕分け。

郵便物をチェックする場所にはゴミ箱を常設しておき、不要なものはさっと処分。

ゴミ箱も近くに配置しています。まず、玄関の先ではさみを手に取り、持ち込んだ郵便物をカウンターで開封。処分するものはそのままゴミ箱へ。ほぼ歩かずに動作ができます。

　実は、その昔のわが家はこの仕組みがありませんでした。はさみは玄関の脇にある扉つき収納の、引き出しの中にしまっていたのです。これが本当に面倒でした。ついつい後で見ようと、郵便物はたまる一方だったのです。「面倒くさい」を取り除くため、動線を考えて、はさみの配置をちょっと変えたことで、重い腰が上がりました。

　保管しておく郵便物は、扉つき収納の中に入れますが、扉をあけたらすぐに目に入る位置に一時置き場を用意。ここがたまってきたら処理する時期という目安に。この仕組みづくりが定着してからは、郵便物が山になることがなくなりました。

Rule 4 定番収納グッズを選ぶ

カゴ初級編

収納グッズ選びに迷ったときは四角いカゴを

収納グッズを選ぶとき、まずは中に何を入れるのか？どこにどんなサイズの収納グッズが必要か？ということを考えてから選ぶようにしています。

インテリアとして見せる収納であれば、ユニークな形で遊びを取り入れるのも楽しいと思います。

ただ、収納力が高く、効率よく物が納まるという意味では、やはり「四角いカゴ」は万能です。例えば書類や箱に入った食材なども、むだな空間が生まれず、効率よく納めることができます。また、棚や収納家具に置いたときもデッドスペースがなく、見た目もすっきり。

なかでも天然素材のカゴは、ナチュラル系、モダン系など、どんなインテリアとも相性がいい！　リビングやダイニングなど、人の目が多く集まる場所で収納グッズを取り入れたいときは、ぜひ四角いカゴを。物をごちゃっと入れても、中に目線がいかないように、目の詰まったカゴに狙いを定めて選ぶといいと思います。

↑無印良品の「重なるラタン長方形バスケット・小」は、娘のお人形のベッドとして活躍していた時代も。←同じバスケットでも、サイズが大きくて深さがあるタイプは、無印良品の「スタッキングシェルフ」（P76参照）にぴったり。積み木などをぽいぽいっと放り込む収納に便利。

カゴ上級編

個性的なカゴはインテリアのアクセントに

効率よく物を納めるなら、形は四角がいちばんおすすめ。ですが、長年ディスプレーの仕事に携わっていることもあって、空間の中に遊びのあるオブジェなどをぽんと置いて、その場に個性を生むのも好きなのです。だから私は、インテリアのアクセントになり、さらに収納の役目も果たしてくれるカゴに目がありません。そんなことからわが家に取り入れているのが、持ち手やふたがついた楕円の手編み風カゴ。

ワークスペースの奥の窓際にハンギングバーを取り付けてから、私は2つのカゴを増やしました。どちらもここにつるしたらすてきだと思って選んだものです。1つは、植物の鉢カバーとして活用しています。ふたつきのカゴも、今はオブジェにしていますが、この先、別の使いみちが生まれるかもしれません。個性のあるカゴは、単調に見えていた場所にリズムを生み出してくれるので、インテリアに欠かせない収納グッズです。

それぞれのカゴは、雑貨ショップなどで見かけた際に、かわいらしい見た目に加え、程よいサイズ感や丈夫なところも気に入って購入。

箱初級編

困ったときはこれ！と定番の箱を決める

「これは使える！」と気に入った箱は、1個ではなく必ず複数個まとめて買うようにしています。同じデザインを連続して並べることで、整然とした空間をつくることができるからです。これは、狭いスペースで収納力を上げるために、欠かせないポイントともいえます。

これだ！と思う箱を選ぶときは、いつも1つだけ条件を決めています。それは「いろいろな場所で応用して使い回せる」こと。例えば子どものおもちゃの収納に使っていた箱が不要になったとき、今度は新たに日用品のストックを収納しよう、などと、次なる役割を果たせる〝臨機応変〟さが必要だと思っています。

リビングやウォークインクローゼット、寝室など、家のさまざまな場所で使い回しても、置く場所が点在していても、これ！と決めた定番の箱ならば、家全体の統一感が生まれるので、ごちゃついて見えません。

最も使用率が高い収納ボックスは、フェローズジャパンの「バンカーズボックス」。丈夫で軽い段ボール素材で、組み立ても簡単。劣化したら買い替えたり、使わない分は畳んでしまったりできるため、必要な収納量に合わせやすい。同じ箱を連続して並べることで、すっきり見える効果もあり。

箱上級編

家具感覚で大きな箱を取り入れる

もともとテレビ下には「バンカーズボックス」を8個並べ、便利な収納コーナーとしていました（P48参照）。最近、その空間を少しだけリニューアル。一角にコンテナーを2個新調したのです。

選んだ理由は、「バンカーズボックス」よりも、より家具のような感覚で取り入れられるところ。キャンプなどアウトドアで使われることも多いコンテナーですが、これはすっきりシンプルで、シャープな印象。室内のインテリアにもなじむデザインだったからです。そして最もうれしいのが、非常に大容量というところ。収納場所の少ないわが家にとっては、貴重な存在です。

今は、使用頻度の低いストックや思い出のものをメインに収納。頑丈で黒という色が、このコーナー全体を引き締め、同時にテレビの存在感を和らげてくれるという視覚的効果も生まれました。

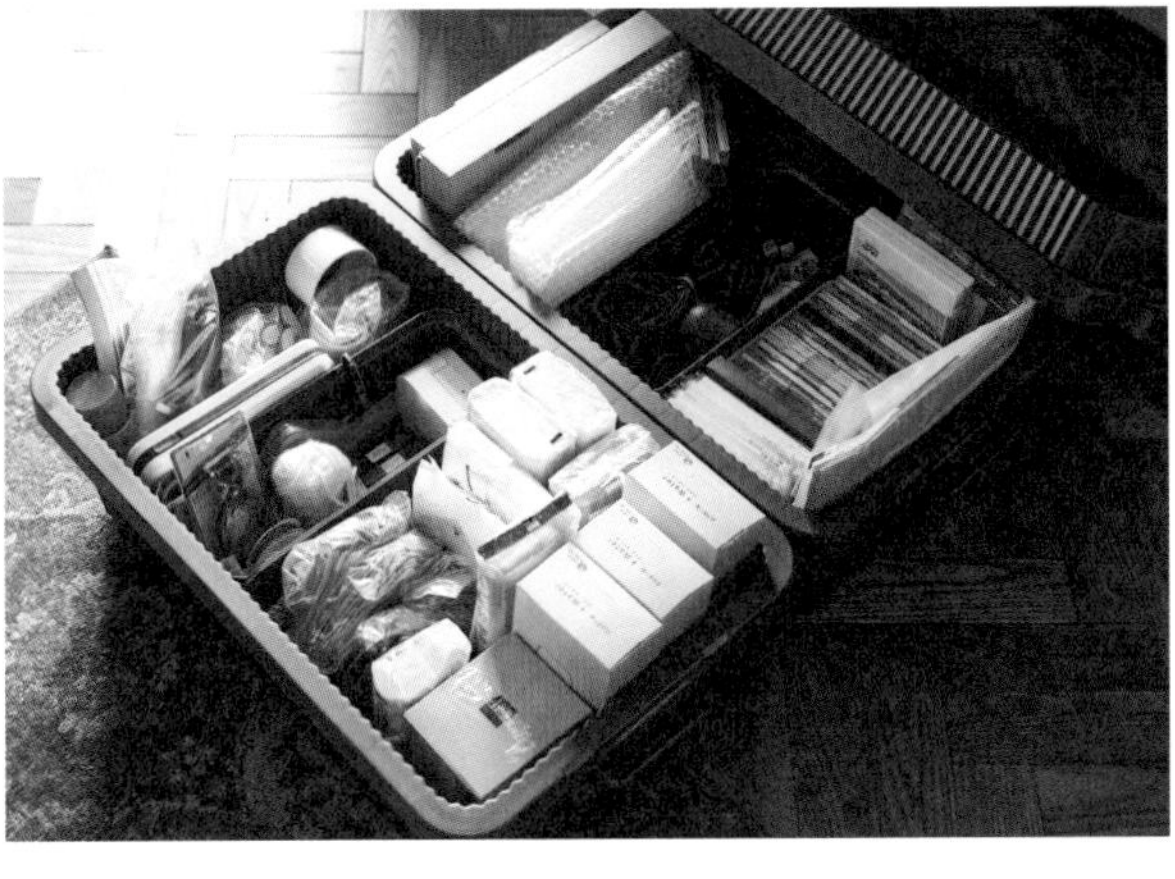

↑ライクイットの「スタックアップコンテナー53（インナーボックスセット）」。耐久性と容量を実現させたジグザグな正面が、インテリアのアクセントに。約幅70.7×奥行き42.2×高さ26.8㎝。
←インナーボックスがあり、日用品のストックやこん包材、ケーブル、DVDなどを効率よく収納できる。

布初級編

リネンなど風合いのある布を選ぶ

雰囲気のよいカゴに物を収納したときに気になるのは、中身が見えてしまうこと。程よく中身をカバーしたいとき、さっと布を掛けるようにしていますが、この布選びを私は大事にしています。

選ぶのは、風合いのよいリネンなど、質感のよいもの。子どものお弁当を包む布でいいや、などと適当にすませてしまうと、とたんに生活感が生まれてしまうのです。カゴ選びも同じで、外に出しておくものや、見せて収納するものは、プラスチック製よりも天然素材、と決めています。素材感を意識するだけで、同じ場所に同じアイテムを置いたとしても、雰囲気ががらりと変わって、ちょっとすてきに見えるのです。

私が使っているリネンの布は、フランスのアンティークのもの。よく見るとステッチや刺しゅうが入っていて、作りのよさが気に入っています。ずっと大切にしたい布ほど、しまい込まずに、収納に生かすようにしています。

↑見せたくないものに布を掛けて"隠す"目的より、お気に入りの布の色柄や風合いを"飾る"つもりで選ぶと、家の中のごちゃつきが解消。
←インテリアに合わない布を収納ボックスの目隠しに使うと、よけいに目立って、やぼったい印象になるので、避けたほうがベター。

布上級編

色や柄がある布はテイストを統一させて

北欧のデザインやテイストが好きで、家具や食器など、いろいろと取り入れています。なかでも北欧のテキスタイルは特に好み。カラフルで柄が豊富、どれもかわいい！と心が躍り、選ぶときはいつも迷ってしまいます。ですが、そのときの気分に合わせて好きなものを買い足していくと、いざインテリアとして飾ろうとするときに、ちょっと違和感が出てしまうのです。

なぜなら、北欧のテキスタイルは、同じブランドでもデザイナーが違うと一つ一つの色合いや柄など、トーンが全く違うものに。そのため、同じ空間に並べると、どうしてもごちゃっと見えてしまうのです。

そこで私は、北欧のテキスタイルを取り入れるときは、必ず同じデザイナーやシリーズ、色や柄のトーンを揃えるように、と意識しています。ネイビーや黒のカラーリングで、幾何学な模様という共通点があるものを選んでいるので、どこに取り入れても統一感が生まれます。

コレクションしているテキスタイルは、アルヴァ・アアルトの「シエナ」。シンプルで洗練されたデザインが、インテリアのいいアクセントに。

収納家具は暮らしが変わっても使えるものを

限られたスペースを有効活用するために、家具は移動できてフレキシブルに使えるものを選ぶように心がけています。その一つが、娘が生まれてすぐに購入した、「スタッキングシェルフ」でした。赤ちゃんの頃は、おむつセットやベビー服、だっこひもも収納していて、リビングで身支度ができる仕組みに。

次第におもちゃが増え、すべての枠が埋まった時期も。棚上はデザインのいいおもちゃを飾っていました。それが小学生になった今ではおもちゃが減り、すっかり夫婦の趣味でもある植物を置くスペースになっています。

そんな使い方はもちろん、配置もいろいろ変化させてきました。窓際に置いて、よちよち歩きの娘が外に出ない安全ゲートの役目をしたり、ワークスペースの仕切りにしたり。子どもの成長や家族の暮らしに合わせて、常に第一線で大活躍。シンプルなデザインで、動かしやすい家具は、物と楽しくつきあっているわが家の必需品です。

1

3

2

4

↑無印良品の「スタッキングシェルフセット・5段×2列」。現在は棚の中に子どものおもちゃなど、棚の上はグリーンをディスプレー。
1 おむつや着替え、だっこひもなどを収納していた乳児期の育児時代。
2 娘がよちよち歩きを始め、換気で窓をあけても大丈夫なように、安全ゲートの役割を兼ねて配置を変更。
3 娘が自分で片づけやすいように収納を工夫。
4 ビジュアルのいいおもちゃは棚の上に飾って。

書類整理に欠かせないファイルボックス

収納場所や管理方法に困りがちな「書類」。なるべくデジタル化をして、紙ものを減らすようにしていますが、それでも保管しておきたい書類は、ある程度の場所を取ります。そんな書類の管理に活用しているのが、無印良品のファイルボックス。愛用しているのは、横向きにも入れられるタイプです。

家族の人別に分けた書類、家電の取扱説明書、保険や住宅関係の書類で分け、扉がついた収納棚の1カ所にしまっています。

横向きに書類を入れられるのが好きな理由は、書類はもちろんのこと、ボックスティッシュや靴のケア用品を収納するのにもぴったりだから。また、キッチンやほかの場所でも、同じ形のファイルボックスを使っているので、どこかで不要になった分をこっちに持ってきたり、など家の中でうまく回しながら使い続けるのに、とても万能だと思っています。

下２段は、無印良品の「ポロプロピレンファイルボックス」のスタンダードタイプとスタンダードタイプ・ワイド、それぞれA4用のホワイトグレーを組み合わせて。上の段は靴のケア用品やボックスティッシュのストックを。下の段は人別の書類と、住宅関連の書類を収納。

狭スペースに収納を作れるドローアライン

スペースに限りがあり、収納場所の少ないわが家には、おしゃれなデザインの突っ張り棒として人気の「DRAW A LINE（ドローアライン）」が、家じゅうで活躍しています。ドローアラインとは、壁や天井に穴をあけずに、突っ張り棒で固定する製品。棒の部分にフックやトレイなど、さまざまな収納オプションが取り付けられるので、必要に応じた収納が作れるものなのです。うちではこれを3カ所で使い、限られた空間を生かした収納を作っています。

玄関まわりでは、リップやヘアアクセサリーなど、身だしなみを整えるグッズを置き、鏡も取り付けています。学用品の収納コーナーでは、教科書や体操着の置き場に、学習スペースでは、ペン立てを置いたり、ヘッドフォンを掛けたり、タブレットを置いたりと活用しています。床に場所を取らない分、ほこりがたまりにくく、床掃除が快適。さらに家事時間の削減にもなっています。

平安伸銅工業とクリエイティブユニットのTENTがコラボレーションしたブランド、「DRAW A LINE（ドローアライン）」。ブックラックやトレイ、フックをオプションで取り付け。

100円だからといって決して安易には選ばない

職業柄、収納グッズのリサーチはよくしていますが、100円ショップで見つけた新商品や、何となく便利そう!と気になったものでも、安易に購入しないように意識しています。よく考えずに買ってしまい、使いにくいのに妥協して使い続けることも、買ってすぐに処分することも、好まないからです。

これはどこに使う？　何を入れる？　サイズやデザインにむだはない?など、何度も検討を重ねて、本当に使えるものだけを厳選します。

特に100円グッズでよく見かける仕分け用のボックスには、少しずつ形状が異なるタイプが豊富にあります。スタッキングしやすいように底がすぼんでいるものや、中に突起がついているタイプもあります。実は収納力があまりないものや、棚に並べたときにすっきり納まらないものは避けます。物が効率よく納まって、汎用《はんよう》性が高いものはどれ？　と、よく吟味して選びます。

100円ショップの収納コーナーには、少しずつ形状の異なるボックスが豊富に並ぶ。色で困ったときは白を選ぶのがベター。「形やサイズの違うものでも、色が揃うとすっきり見えます」

↑似た形状でも、商品によっては内側に突起がある場合も。「わずかな違いですが、使いやすさに差が出るので、突起物のないタイプがおすすめ」
←ライフスタイルの変化で収納グッズの出番がなくなることも。重ねられるものは、一時保管しやすい。シンプルで使いやすいイノマタ化学の「トリムバスケット ワイド」は、多くの100円ショップで取り扱いあり。

横幅は蝶つがいの内側から内側までを測り、引き出したい収納グッズの引っ掛かりを防止。

食器の出し入れがしにくい場合は、収納グッズを導入し、引き出し式の収納を検討して。

COLUMN 4

収納グッズを買う前はきちんと計測する！

収納グッズを買う前は、多少面倒でも、きちんと計測することがとにかく大事です。

たぶん○個くらい入りそう！大体この大きさだろう！と、イメージだけで適当に買ってしまうと、実際に棚に納まらないことも多いのです。

特に見落としがちなのが、開き扉についている蝶つがいの部分。棚板の横幅だけを測ってケースを購入したものの、蝶つがい部分の出っ張りに当たり、ケースが出し入れできないというパターンも。

<

上から２段目の小鉢や豆皿を、トレイタイプのケースに収納。引き出し式にして快適に！

奥行きの寸法は、必ず棚板で計測を。棚全体の外寸と棚板はサイズが異なるので、要注意。

奥行きのある棚は、ケースを活用することで、奥まで物が納まるので収納力が高まり、ケースごと出し入れできるので、使いやすさもアップします。

ちなみに折れ扉のクローゼット内に収納グッズを取り入れるときも注意。これには実は私、過去に痛い思い出があるのです。

当時、私は整理収納の仕事を始めたばかりの駆け出しの身。お客様からクローゼットの幅だけをお聞きし、それに合う衣装ケースを提案しました。ところが、いざ納めてみると、クローゼットの折れ扉に当たって、衣装ケースの引き出しが出せなかったのです。あの日の申し訳ない気持ちと悔しい思いから、今でも収納グッズを買うときは、具体的に使うときのことをイメージし、慎重に計測するように心がけています。

Rule 5 映えスポットをつくる

見栄えのするおもちゃは積極的に飾る

おもちゃの量は多いほうだと思います。遊びの中から自由な創造力と、色彩の感性を養ってもらえたら。そんな思いからです。だからこそ、おもちゃは子どもの目線に合わせて、手に取りやすい場所に配置することが大事。

特に私も娘もお気に入りなのが、木のカラフルなおもちゃ。棚の上の目立つところに置き、ディスプレーとしても楽しんできました。デザインのいいものは、おもちゃといえども、インテリアの一部になります。しまい込まずに、一瞬で大きくなってしまう子どもの成長に合わせて、飾って楽しむことをおすすめします。

おもちゃ収納に使っているのは、無印良品の「スタッキングシェルフ」。絶妙な奥行きなので、子どもが自分で出し入れしやすく、散らかってもすぐ片づけられて便利なので、その時期に合わせ、よく使うものを収納してきました。子どもの成長とともに変化し続け、わが家のおもちゃ収納に必要不可欠となっています。

アーチレインボーなど、カラフルな木のおもちゃが、親子揃って大好き。子育て全盛期は、あえてデザイン性の高いおもちゃを選び、オブジェとしてディスプレー。子どもは思い切り遊び、大人の視覚的にも楽しめて、お互いにストレスフリー。

毎日使う水色の鍋はキッチンのアクセントにも

キッチンのアクセントカラーになっているのは、ル・クルーゼの鋳物鍋の水色。結婚当初から1つずつ買い揃え、現在3つありますが、あえて同じ色に揃えることで、キッチンの色数を絞りました。複数の鍋がカウンターに出しっぱなしでもバラバラに見えないのは、色の統一感にあると思います。

鍋のサイズは一回りずつ異なるものを選んでいます。作る料理に合わせてサイズを替えるという目的もありましたが、もう1つの目的は、重ねてタワー状にするため。タワーの三角を構成することで、視覚的にバランスよくする効果を狙いました。キッチン収納が狭く、鍋をいくつも収納する場所を取れなかったので、ル・クルーゼの鋳物鍋は必然的にカウンターの上へ。結果的に、重い鍋をいちいち引き出しから出し入れするよりも、さっとここから取ってここに戻すスタイルが断然ラクで、気に入っています。

キッチンは基本的にモノトーンで統一。ル・クルーゼの水色の鍋を選び、アクセントに。16cmの片手鍋と、20cm、24cmの両手鍋を重ねて、出しっぱなしの収納に。

グリーンをつるして空間に視線を向ける工夫

コロナ禍でおうち時間が増えた時期、天井まわりが少し殺風景に感じました。そこで、天井からハンギングできるグリーンをつるしてみたところ、癒し効果テキメン！　ふと見上げるとグリーンがあるというだけで、ぐっと心地のよい空間になったのです。夫もどんどんグリーンにハマり、水やりなどのお手入れをする間は、家族のコミュニケーションを取る時間にもなって、家で過ごすひとときがさらに好きになりました。

鉢を床に置くのではなく、目線より少し上につるすことで、場所を取らず、さらに今まであったインテリアがよりいい雰囲気に格上げされたよう。なかでも、玄関から部屋に入ってすぐのダイニングテーブルの上には、最大のグリーンがあるのですが、まるでシンボルツリーのような存在感。ぱっと視線が上に向くので、床まわりが片づいていない日でもごちゃっとした感じが気になりにくくなったのも、うれしい効果です。

マンションのフルリノベーションをするにあたり、天井を取り払った際に出てきたネジの穴を生かし、アイボルトを差してつるせる仕組みに。一般的には照明のレールや石こうボード用ピンなどで、天井からつるすことが可能。

本棚には小さな飾りコーナーを

整理収納の仕事をする前は、店舗のショーウィンドーや店内のコーナーなど、ディスプレーをつくる仕事をしていました。そのため、家でも飾ることは大好き。新婚当初も、いろいろ飾って楽しんでいました。ただ、子どもが生まれてしばらくは、飾るよりも効率のよい収納にフォーカスしていました。

ようやくここ数年、子どもの成長とともに〝飾りたい〟という欲が再燃してきました。たとえ狭い家でも、どこもかしこも収納に使うことはせず、本棚の上も飾るスペースとして確保。飾られているエリアに目線が向くので、その下の本棚が多少ごちゃついていたとしても、気になりません。

洋書を重ねてステージを作り、そこに背の高い花瓶と背の低いキャンドルを置くと、シルエットが三角の構成になって、バランスよく見える視覚効果があります。

洋書や花瓶、置き型の照明やグリーンなど、
ジャンルの異なるものでも、配置のバランス
で「魅せる」コーナーに。どう飾るとすてき
に見えるか、いろいろとチャレンジを。

あえて存在感のある照明でLDKにポイントを

狭い家ですが、ずっとダイニングの上で使っていた照明シェードに少しもの足りなさを感じ、新しいものを探していて見つけたのが、今のものです。こちら、あえて存在感のある照明を取り入れることにしました。選ぶなかで、すてきだけれど、さすがにこれは大きすぎるかな？と迷ったとき、メーカーの方が「逆に空間が引き締まるので、狭さを感じにくくなる」と教えてくれました。実際に取り付けてみるとそのことばどおり、リビングダイニングにアクセントが生まれ、狭さを感じなくなったのでとても驚きました。取り入れたのは、布のランプシェード。シースルーの生地がストライプになっているので、見た目も軽やかで圧迫感がないところも、狭さを感じさせないポイントです。個性的なデザインで、照明に目がいくので、多少テーブルの上が散らかっていても気にならない効果もあると思います。

↑ieno textile（イエノテキスタイル）の照明は、インパクトがありながら、ランプシェードは透け感のある生地のために、やわらかな印象。
←イケアで購入したペンダントライト（現在は生産終了）は、味わいのあるデザインで、窓まわりにニュアンスを。照明は明るさに加え、絵になるデザイン性を重視。

涼しい季節になると、ミニサイズのラグとカフェテーブルをセットし、お茶タイムを満喫。

憧れがあり、リノベーションの際にこだわったヘリンボーンのフローリングで夏は涼しげに。

COLUMN 5

気軽に季節感を楽しむラグ使い

娘が生まれてからしばらくの間は、安全面や防音を考えて、リビングダイニングの半分にコルクマットやタイルカーペットを敷き詰めていました。そんな娘も小学生に。成長とともに、マットを敷く必要がなくなりました。

もともと、リノベーションを計画していた当時の私の夢は、ヘリンボーンの床材に、お気に入りのラグを敷くことでした。ようやくこれがかない、うれしい日々。

真冬は羊毛ラグをさらに重ね使いし、暖かみのある雰囲気をいっそう盛り上げて。

<

ビンテージライクのラグを敷き、足元の冷えをカバーし、暖かみのある見た目に。

ラグを変化させると、同じ場所でも雰囲気が変わって新鮮な気持ちになります。大物の家具を動かす手間がなく、手軽に模様替えができるので、季節の変わり目の楽しみにも。暑い夏場は、ラグを敷かずひんやりとした床材に触れ、秋になるとミニサイズのラグを置いて、秋の装いに。冬場はビンテージライクなブルーのラグを敷いて重厚感をプラスし、冬らしいスタイルを演出。真冬には、もふもふした素材の羊毛ラグを重ね、さらに暖かみを出したり、いろいろなスタイリングを楽しんでいます。

　ちなみにミニサイズのラグは、とても万能です。ベッドの足元や本棚の前など、狭いスペースのアクセントにしたり、カフェテーブルとミニラグだけを置いて、カフェコーナーをつくったりと、インテリアを自由に楽しみたいときに便利。麻やジュートなど、素材で夏らしくすることもできます。

ごちゃつきがちな物が
片づく方法

Children's Items

子どものもの

P116~

Clothes

服

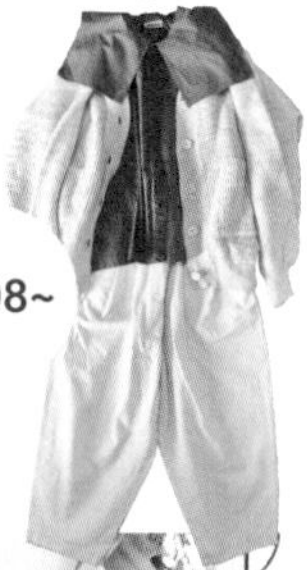

P108~

Kitchen Goods

キッチングッズ

P100~

Kitchen Goods

スタメンの道具だけをセレクトして特等席をつくる

わが家のキッチンは、収納スペースが少ないこと、ぱっと使いやすいこと、そして憧れていた厨房風のデザインにすること。こうした理由から、よく使うキッチン道具は常に出しっぱなしに。

手に取りやすいことが大事なので、スタメンのキッチン道具は一つ一つにS字フックの特等席を用意。絡まることなく、スムーズに手に取れます。そして何よりこのスタイルに欠かせないのが、無印良品のキッチン道具です。柄の端にある穴が程よい大きさなので引っ掛けやすく、シンプルなフォルムでマットな質感のブラック。一つ一つ、調理のしやすさに加えて、全体を並べたときのバランスまで考えてデザインされているものは、ほかにあまりありません。

このキッチン道具を軸にして、フライパンやトングも、S字フックに掛けられて、黒でシンプルなものを選ぶことで、統一感のあるキッチンにしています。

↑１つのS字フックに掛ける調理ツールは１つだけ。一つ一つの指定席を設けることで手に取りやすく、調理の時短にも効果あり。
←シンプルなブラックのキッチン道具は、主に無印良品のもので揃え、統一感のあるビジュアルに。

Kitchen Goods

スポンジや
生ゴミ用の袋も
空中収納

シンクの内側に置いていたスポンジラックをなくした際、スポンジをどう収納するといいか悩みました。最終的にしっくりきたのは、シンク脇の冷蔵庫に、マグネット&ピンチを使って、つるす収納。私が定番で使っている食器用スポンジは、100円ショップにある白黒2個セットの小さめなタイプ。白は食器用、黒はシンク用と決め、月に1回のペースで交換しています。いつも使うスポンジを決めたことで、買い物の迷いがなくなり、夫からも見分けやすいね、と評判です。

また、手入れがたいへんそうな三角コーナーや、生ゴミ用のゴミ箱を置くのも避けたかった私は、新たな収納を模索。そこで、シンク上の棚受けにビニール袋をつるしてみることにしました。フックつきのピンチを使うだけなので、交換も簡単。こうして、スポンジも生ゴミ用の袋も空中収納が定着しました。調理や片づけのじゃまにならず、清潔も保ててお気に入りです!

フックとピンチを使って、スポンジやビニール袋を空中収納。消耗品もすべてモノトーンで揃えることで、水まわりに出やすい生活感やごちゃつきを感じさせない。

Kitchen Goods

ボウルや鍋は立てると省スペースで出し入れも簡単！

シンク下のいちばん下の引き出しは、深さがあって使いこなせないと、よくお客様から相談を受けます。わが家にとっても、ここは貴重な収納スペース。キッチン収納が少ない分、シンク下の有効活用は最大のミッションでした。どうしたら手に取りやすく、必要なものをまとめて詰め込めるか。たどりついたのが、立てる収納でした。

まずは引き出しの幅や奥行きを測り、パズルを埋めるようにファイルボックスを並べました。1つのファイルボックスに1アイテムを収納することで、管理しやすくするのが狙いです。取っ手が外せるフライパンやボウルはサイズ違いで重ねて収納。粉末の重曹やクエン酸は、筒状のボトルに詰め替えて並べ、取り出しやすく。フライパンやボウルは平置きにすると上の空間が余ってしまったり、出し入れしにくくてイライラすることもありますが、「立てる収納」は収納力と出しやすさもかなえ、中身も一目瞭然です。

仕切りに活用しているのは、無印良品の「ポリプロピレンファイルボックス」のスタンダードタイプと、スタンダードタイプ・ワイドのA4用。色はホワイトグレー。

Kitchen Goods

ゴミ箱は1つだけ。資源ゴミは分別バッグに

皆さんのおうちには、ゴミ箱は何個ありますか？　部屋の数や広さ、ゴミの分別のしかたなども関係しますが、わが家の場合、ゴミ箱は45ℓタイプが1つだけ。実はリノベーションの設計の段階からこれは決めていたことでした。置き場は、キッチンと平行に配置したカウンターの下。キッチンは玄関とリビングの中間にあり、いつも家族が通る便利な場所だったからです。ゴミが出たらキッチンまで捨てに行くのも、家族全員、気づけば当たり前のことに。むしろゴミ箱をいくつも置いて、それを回収したり、回収し忘れたりするほうがストレスなので、わが家にはこのスタイルが合っています。

資源ゴミは、玄関の脇の折り畳める分別バッグに。うちはアルコールを飲まないので、瓶や缶などの資源ゴミが少ないこともあって、瓶・缶・紙類をまとめてバッグの中に。マンションのゴミ集積場まで持っていき、処分するときに分別しながら指定のカゴに入れます。

カウンターの下は45ℓのゴミ箱が指定席。
以前は無印良品のものを、現在はライクイット
のものを使用中。

Clothes

服は色別にグラデーションで並べる

シーズンでよく着る服はハンガーに掛けていますが、その並べ方に、自分なりのルールを設けています。まずはアイテム別。ニット、カットソー、シャツ、パンツ、オーバーオールなど。アイテムごとにまとめて、右側に白っぽい色を、左に向かって黒っぽい色へとグラデーションになるように掛けています。色を基準にして並べることで、自分がつい買ってしまう傾向を把握しやすくなるので、重複買いを防ぐこともできます。持っている量が多い色は、自分の好きな色、似合う色として、新しい色を加えるときの参考にもなります。きょうはオフホワイトのパンツに、白のトップスを合わせてワントーンコーデにと、朝のコーディネイトも迷わなくなりました。

グラデーションに服が並んだハンガーラックを見渡すと、ショップのような雰囲気にもなるので、クローゼットの前に立つたびに楽しくなりました。毎朝のことだからこそ、気分の上がる服選びをしたいですね！

色のグラデーションにして服を並べることで、手持ち服の色のバランス、自分の好みが明快に。「新しい服を選ぶときの参考にもなり、服選びの失敗が減りました」

Clothes

ボトムスも
つるす収納で
コーデがすぐ決まる

今のシーズンでよく着る服は、トップスもボトムスも、ハンガーに掛けています。カットソーやデニムなど、引き出しに収納しがちなアイテムも、すべてつるすことで全体を把握でき、コーディネイトしやすくなるからです。そんな私のクローゼットに、かつて大きな変化がありました。それはボトムスのつるし方。

もともとは、クリップタイプのハンガーを使っていましたが、パンツの丈やデザインが違うものを掛けたときに、ごちゃついて見えるのです。クリップで留めたり外したり、手間もかかる……。そこで、メンズ用のスラックスハンガーに掛けてみたところ、片手でさっと手に取れて、あら便利！　どんなパンツを掛けても見た目が揃って見やすくなりました。たかがハンガー、されどハンガー。同じ収納法でも、使うグッズでこうも違うものかと実感。少しでも面倒に感じることは我慢せず、違う手を試してみると、いい発見が生まれるものですね。

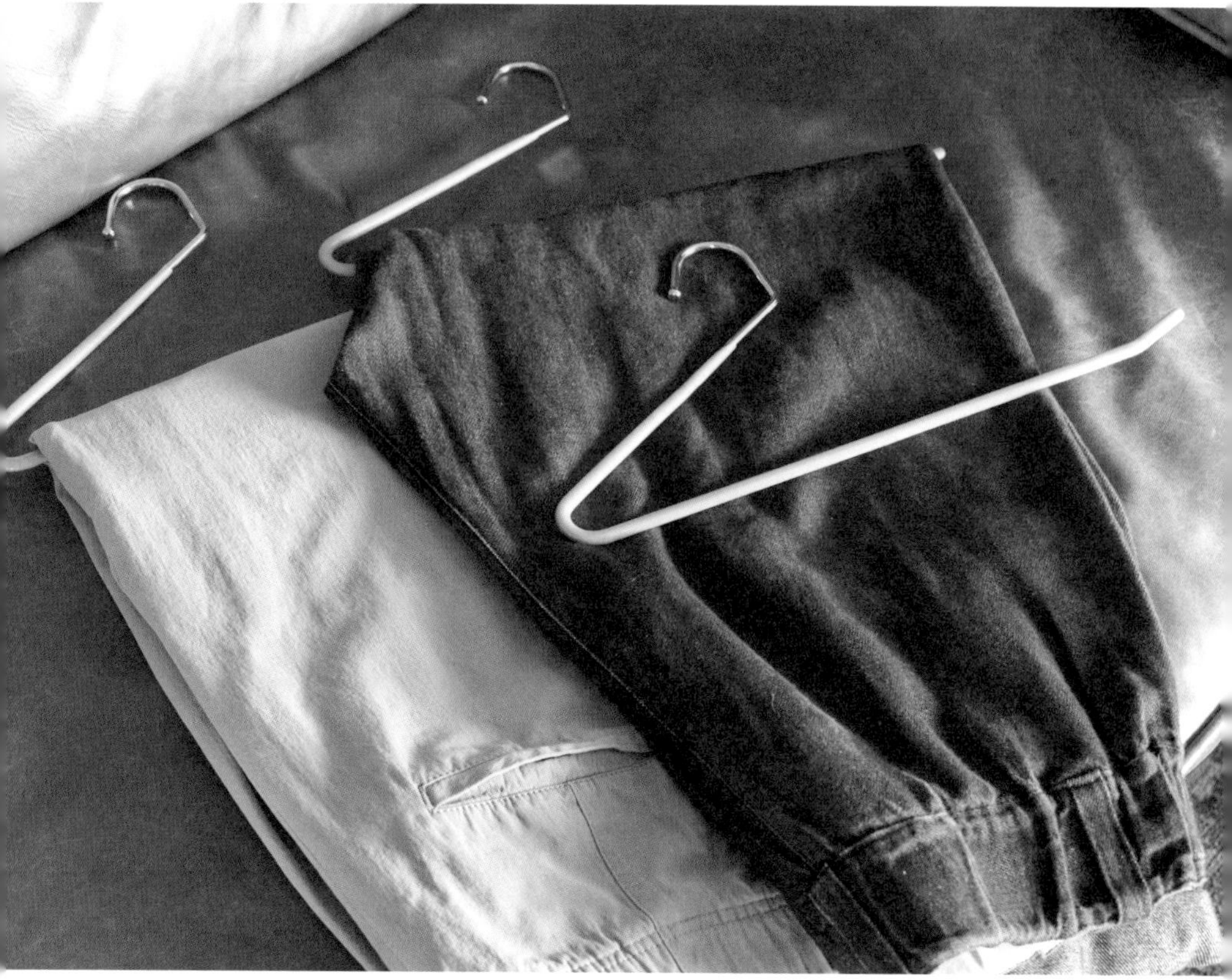

ボトムスの収納には、ニトリで購入した「すべりにくいスラックスハンガー（ラミー3本組）」（使用型は生産終了）を愛用中。

Clothes

オフシーズンの服はスーツケースにまとめる

わが家にはリビングから続く1・5畳のスペースに、家族の洋服をすべて収納する「ファミリークローゼット」があります。広さに限りがあり、今よく着る服の出し入れを重視しているため、オフシーズンの服をどこに納めるかが課題でした。かつてはクリーニング長期保管サービスを利用し、冬のコートやニット、カシミヤのストールなどを預けていたことも。けれども最近は必要な服の枚数が少しずつ減り、預ける必要がなくなりました。

代わりに大活躍しているのが、スーツケース。夏場は冬のアウターやニット類を、親子分まとめて詰め込みます。冬場は、水着やプールグッズなどに入れ替え、クローゼットの奥にぽんと置いておきます。帰省するときなどに、家族3人分の荷物を入れる目的で手に入れたスーツケースなので、比較的サイズは大きく、収納力は抜群。実は思い出のウェディングドレスも、ここに保管。スーツケースは、立派な収納グッズなのです！

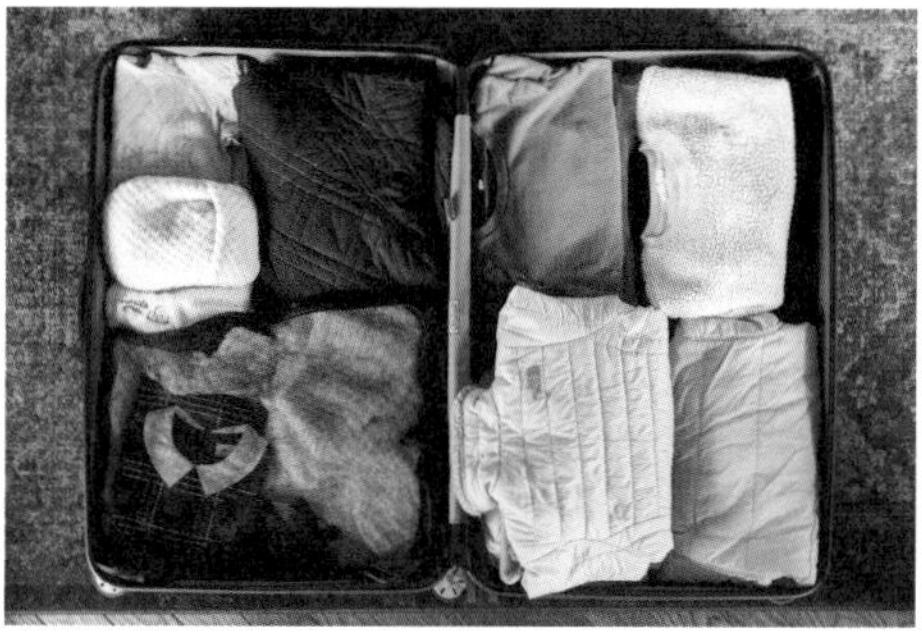

↑スーツケースはクローゼットのいちばん奥に保管。
←夏は、かさばる冬のアウター類や湯たんぽなど、冬アイテムをぎゅっと凝縮。

Clothes

衣がえは引き出しごと入れ替え制に

私は大がかりな衣がえをしません。季節が変わるたび、一瞬でその時期に合った服を手に取ることができます。それをかなえてくれるのが、独身時代から愛用している収納ケース。クローゼットの中にはこれがずらっと並んでいます。こだわっているのは、幅と奥行きのサイズが共通という点。深さだけは3パターンあって、靴下などは浅めのものに、カットソーやTシャツ類は中位、バッグやボトムスは深めのものと使い分けています。

その中で1つ、ルールを決めています。同じ深さのものに、季節違いの同タイプの服を入れること。例えば、長袖Tシャツと半袖Tシャツを同じ深さの引き出しに、それぞれ収納します。いちばん取り出しやすい位置に、その時期に合う引き出しを置き、季節が変わったら引き出しごと位置を入れ替えれば衣がえが完了。オフシーズンの引き出しはどこに置いてもOKですが、中身を出さずに引き出しごと入れ替える技、おすすめです！

出し入れがしやすい中段はオンシーズン、下段はオフシーズンの引き出し。季節が変わるタイミングで引き出しごと出して、位置を交換。無印良品の「ポリプロピレン収納ケース・引出式」を愛用。

Child's Items

子どもの帰宅動線に荷物を置くスペースを

子どもが帰宅すると、すぐに床やソファーなどにぽいっと置かれがちなランドセル。お客様からもこの悩みは多く、娘が小学校に上がるタイミングで、わが家もランドセルを含めた学用品の収納を入念に計画しました。

選んだ場所は、必ず通る動線上で、玄関から入ったダイニングのすぐ脇。ドローアライン（P80参照）と、家にあるダイニングチェアをセットしました。この突っ張り棒は場所を取らず、フックやブックスタンドを取り入れれば、教科書類や運動着などの置き場にもなるすぐれもの。ランドセルも掛けられますが、まだ体の小さい娘には難しそう……。そこでさっと置きやすいように、ダイニングチェアを横に置きました。学校から帰ったら、ここに荷物をすべて置き、翌朝もここで支度が完了。娘の目線に合わせた収納空間を設けたことで、小学校に入学後すぐに定着し、散らからずに2年継続中です。

玄関から入ってすぐのところに学用品の収納コーナーを設置。突っ張り棒式の収納は、平安伸銅工業の「ドローアライン」。バッグ類を掛け、教科書類を立てかけられるように。

Child's Items

子どもの身支度セットはカバンと一緒に

ランドセルの置き場にしているダイニングチェアの下には、1つカゴを置いています。ここには毎日学校へ持っていくハンカチとティッシュ、移動ポケット、ランチョンマットの替えなどを入れています。娘が1人で身支度する際に、持っていくものをすべてここに置いておくことで、あちこち取りに行く手間がなくなり、忘れ物の防止につながります。

収納しているのは、天然素材のシンプルなカゴ。ダイニングの脇でもインテリアをじゃましません。内側は100円ショップの粘土ケースで仕切りを作り、ハンカチ、ティッシュなど、カテゴリーが混ざらない工夫も。おかげで洗濯後に戻す親も、取り出す娘もストレスなし。

ちなみに夏休みや冬休みなどの長期休暇中は、学童に持っていくものをここにセット。使わないものは、別のところに移動させておき、毎日使うものだけを置くと決めることで、散らかりを防ぎます。

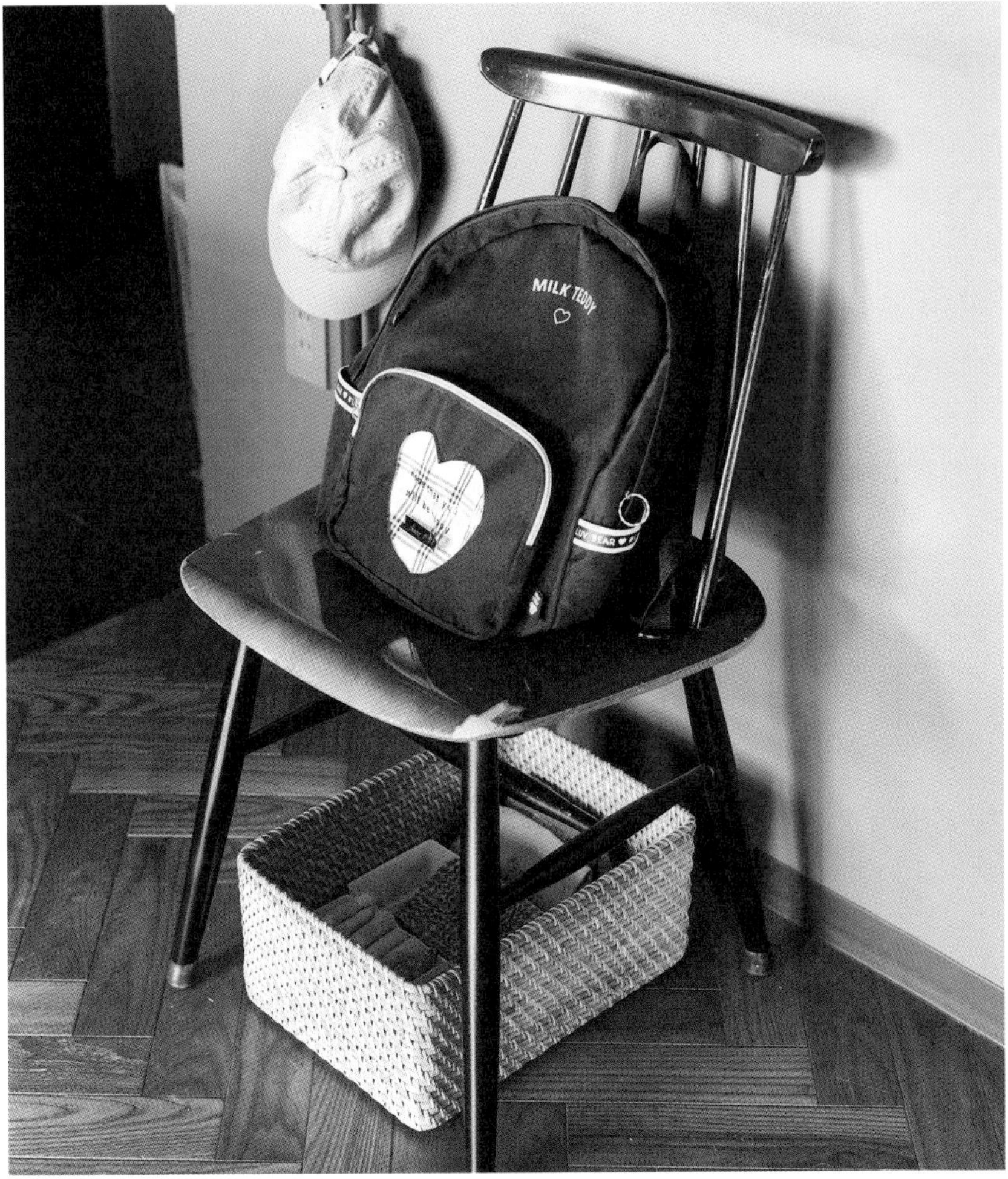

↑ダイニングチェアの１脚を、バッグの置き場に。
←チェアの下には無印良品の「重なるラタン長方形バスケット・中」を置き、ハンカチやティッシュなど、外出時に必要な小物類を集約。

Child's Items

こまごましたおもちゃは100円ケースが使える

かるたやパズルなど、小さくてパーツの多いおもちゃの収納は困りますよね。細かいけど、種類は分けておきたい。そうでなければ「あれがない、これがない」と騒ぎになることが目に見えているからです。そんなこまごましたおもちゃ収納に困っていましたが、あるとき、家にあった100円グッズの食材用保存容器に入れてみると、なんとぴったり！ ふたが半透明なので、あけなくても中身が識別でき、容器本体は白いので、重ねるとすっきり。おもちゃのサイズに合わせて、2種類の深さを使い分けもできます。さらにふたと側面にラベリングをし、子どもが分かりやすい仕組みをつくりました。

食材用、衣類用などとして本来は売られている収納グッズでも、その用途を決めつけずに自由な発想で探してみると、案外別の使い方でコレだ！とフィットする場合もあります。そんな発見ができた瞬間、やっぱり片づけって楽しいな！とワクワクするのです。

↑100円ショップで、食品の保存容器として販売されていた収納グッズ。
←保存容器は、バンカーズボックスに立てて収納。

Child's Items

3軍おもちゃはクローゼットの奥に一時保管

うちはおもちゃが多いほうで、それなりに収納場所も占めています。けれども私の判断では処分せず、おもちゃを手放すときは娘と話し合ってから、と決めています。最近あまり使っていないけれど、娘からまだ「さようならしていいよ」の許可が出ていないおもちゃもたくさん。ただ、全部を同じ場所に収納しておくと、おもちゃ収納があふれてしまい、片づけもたいへんになります。

そこで1軍、2軍、3軍と、使用頻度別に分けて保管することに。よく遊ぶ1軍おもちゃはスタッキングシェルフに、2軍はテレビ下のバンカーズボックスへ。あまり遊ばないけれど、まだ取っておきたいおもちゃは、3軍としてクローゼットの奥に一時保管。クリスマスやお誕生日など、年に数回おもちゃが増えるタイミングに、親子で見直します。箱やクローゼットなど、一度視界から外せる場所を設けることで、1軍のおもちゃに集中して遊ぶことができ、片づけもラクになりました。

キャンバス地の収納バッグの中に、あまり使わないけれど、まだ捨てられないものをぎゅっと詰め込み、クローゼットの奥に収納。

Child's Items

学用品の長期休み用保管スペースを確保する

娘が小学生になってから、夏休みや冬休みなど長期の休み前は持ち帰ってくる学用品の数が多くて驚きました。まだ低学年ですが、鍵盤ハーモニカに体操着、絵の具セット、道具箱に画板……。大物の置き場には困りました。

そこで、一時保管先として目をつけたのがクローゼットです。いちばん上にあるカゴは、ふだん出し入れしやすいように横長に置き、奥行きを少し余らせています。このカゴの向きを90度変え、一時的にスペースを確保。そこへ学用品をまとめて置くことにしました。ランドセルも、長期休み中はダイニングの脇にある身支度スペースではなく、クローゼットへ移動。代わりにその時期毎日使う、学童用のバッグを置きます。「ランドセル置き場」ではなく、「毎日使うものの置き場」と考えて、しばらく使わないものはクローゼットの奥へ。子どもの長期休みなど、イレギュラーな時期も〝毎日を使いやすく〟を常に考えて、収納の配置を変化させています。

↑長期休暇など、荷物が一時的に増える際の保管スペースをどこに確保するべきか、ふだんから決めておくと便利。クローゼットの最上段の端を一時保管用の収納場所に。
←ふだんはクローゼットを常に8割程度の収納量にキープしておくことで、休暇に入るごとに収納があふれることがなくて快適。

おわりに

「物が多いのにすっきり見える」5つのルール、いかがでしたでしょうか。

家族が増えたり、子どもの年齢が上がったりして生活スタイルが変わると、物の持ち方や量も変わります。でも5つのルールを知っておくと、そんな変化にも対応していけるはず！

狭いから、子どもがいるから片づかない、という人も多いかもしれませんが、私もトライアンドエラーを繰り返して、今の自分に合ったスタイルを見つけることができました。皆さんにも自分に合ったルールを見つけてもらえるとうれしいです。

私は家が大好きで、「家で心地よく過ごす」ことを第一に考えて家づくりをしています。家がいちばんリラックスできる、自分の家が大好きという人を増やすことが私の夢でもあり、そんな思いでSNSを通じて発信し、整理収納やインテリア、ディスプレーの仕事をしています。

20代～30代前半はアパレルの店内やウインドーのディスプレーの仕事に没頭。洋服・服飾小物をいかにすてきに見せて買ってもらうかばかり考えていました。ディスプレーの仕事をするうちに、インテリアに興味を持ち始め、結婚・出産を期に暮らしに対しても興味が湧き、気づけば整理収納とインテリアの仕事へ転身することになりました。

独身時代や結婚当初は、「かわいい！　便利そう！　みんな使ってる！」と飛びついて物を購入していた時期もありましたが、それだとインテリアがどこかまとまらない、気づけば使ってない、飽きちゃった、など失敗も多くありました。そんな経験を重ね、今では家や暮らしにフィットするか、長く愛せるものか、持っていて自分の気持ちがワクワクするか、など吟味・厳選する力がついて、失敗することもずいぶん減りました。「絶対これは買い！」というレーダーも敏感になり、迷うときはその日は買わずに一度考える時間を取るようにしています。ちなみに迷うものは結局買わないことがほとんどです(笑)。厳選されたお気に入りの物に囲まれて暮らすことで、リノベーションした当初よりも9年住んだ今のほうがこの家のことをもっと好きになりました。

フリーランスになって以来、ありがたいことにたくさんのお宅を訪問させていただき、整理収納やインテリアのお手伝いをさせていただく機会にも恵まれ、「能登屋さんには整理収納だけでなく、一緒に収納グッズや家具やインテリアを選んでほしい」というご要望もいただけるようになりました。私が物を選ぶ力に関してさらに自信がついてきたのは、その経験もあるかもしれません。

このような私の経験が、誰かのお役に立てたらうれしいです。

今回書籍にまとめるにあたり、お力添えくださったレタスクラブ編集部の担当の皆様ありがとうございました。取材を通して私のことばや思い、家の工夫を丁寧に拾っていただき、この5つのルールとして、皆さんにお伝えすることができたことに本当に感謝しています。

この本を読んでくださった方とそのご家族が、家での暮らしを心地よく楽しんでもらえることが私の喜びです。

能登屋英里

能登屋英里《のとやえいり》

ビジュアルコンサルタント、整理収納アドバイザー。会社員時代、アパレルショップのディスプレーを担当し、ビジュアルのバランス感覚を養う。その後、海外暮らしを経験し、帰国後は結婚や出産を経てライフスタイルが変化。また、自邸のリノベーションを通して、暮らしを見つめ直し、整理収納の道へ。空間をスタイリッシュにディスプレーしながら快適な収納をかなえるオリジナルな提案で、支持を集める。現在は個人宅の整理収納・インテリアアドバイスをはじめ、リノベーションコンサルやメディアへの執筆など、幅広く活動中。夫、小学生の娘との３人暮らし。

〈Instagram〉 @eiriyyy_interior
https://eirinotoya.com

築《ちく》50年《ねん》52㎡《へいべい》 物《もの》が多《おお》いのに片《かた》づいて見《み》える家《いえ》

2023年12月1日　初版発行

著　者　能登屋《のとや》　英里《えいり》

発行者　山下 直久

発　行　株式会社KADOKAWA
〒102-8177 東京都千代田区富士見2-13-3
電話 0570-002-301（ナビダイヤル）

印刷・製本　TOPPAN株式会社

撮　影　木村文平
合田和弘
（P37,49,51,57,65,69,73,75,87）
三佐和隆士（P83）
イラスト　別府麻衣
デザイン　河村かおり（yd）
校　正　新居智子、根津桂子
編集協力　田中理恵

本書は過去『レタスクラブ』（KADOKAWA）に掲載されたものに、加筆、再構成しています。

ISBN 978-4-04-897676-3　C0077